KB152376

마라도의 역사와 민속

고광민 著

마라도의
역사와 민속

한그루

절벽이 드높고 험하여 배도 붙일 포구가 없는 섬,
나무가 무성하고 빽빽하여 큰 뱀들이 우글거렸던 섬,
물이 귀하여 '마른빨래'로 옷을 입었던 섬,
이런 섬의 땅과 갯밭을 일구어 삶을 꾸려온 마라도 선민(先民)들에게
이 자그마한 책을 드립니다.
                                                        - 고광민

마라도의 역사와 민속
목차

서장

서장

    1994년 10월 16일, 마라도에 있는 가파초등학교 마라분교 강두삼 분교장이 나의 연구실을 찾아왔다. 강두삼 분교장은 세 어린이를 가르치면서 《마라도지馬羅島誌》 발간을 준비하고 있었고, 나에게 〈마라도 어로민속馬羅島 漁撈民俗〉을 의뢰했다. 그 인연으로 마라도에 머물면서 섬에 살고 있는 여러분들에게 마라도에 대한 가르침을 받고 몇 점의 어구漁具도 수집할 수 있었다. 마라도 여러분들 중 김창부 씨1912년생, 여와의 만남은 지금도 잊을 수 없다. 김 씨 일생一生의 큰 줄거리는 다음과 같다.

- 1912년 1월 1일 마라도에서 태어났다.
- 아홉 살이 되는 해1921년에 물질을 익혔다. 잠수하여 첫 미역 따기에서 미역귀를 잘라내었다. 김 씨는 커서 상군 해녀가 될

것이라는 소문이 마라도에 퍼졌다.

- 17세 때[1929년] 음력 2월, 모슬포의 선주를 따라 쓰시마[對馬島]의 토요[豊]에 물질을 갔다. 쓰시마에서 주로 미역, 전복, 그리고 구제기를 따다가 음력 8월 초순에 귀향하였다.
- 19세가 되는 해[1931년]에 가파도[加波島]로 시집갔다.
- 22세가 되는 해[1934년] 음력 2월, 모슬포의 선주를 따라 쓰시마의 킹[琴]에 물질을 갔다. 주로 미역, 전복, 그리고 구제기를 따다가 음력 8월 초순에 귀향하였다.
- 25세[1937년]부터는 줄곧 마라도에서 삶을 꾸려왔다.

김 씨는 86세가 되는 해[1998년]에 모슬포양로원에 들어갔다. 그해 7월 2일, 나는 모슬포양로원으로 찾아가 김 씨를 만나 마라도 해녀의 해산물에 따른 어로기술과 민속의 가르침을 받았다. 이것이 김 씨와의 마지막 만남이 되었다.

마라분교 강두삼 분교장의 소개로 김 씨를 처음 만났을 때, 김 씨는 나에게 영 말문을 열어주지 않았다. 나는 어떻게 해서라도 김 씨의 말문을 열어보려고 애썼다. 김 씨에게 엉뚱한 질문을 던져보았다. 그 무렵 한국의 아무개 장관이 마라도에 번듯한 포구를 만들겠다고 하였다. 마라도 사람들은 기대에 부풀어 있었다.

"마라도에 포구를 만들겠다는 것을 어떻게 생각하십니까?"

"어림없는 일이우다[일입니다]. 마라도가 어떤 섬인지 모른 말이우다[말입니다]."

결국 김 씨 예상대로 지금까지도 마라도에는 번듯한 포구가 없다. 당시 마라도에 포구를 갖추고 말겠다던 아무개 장관의 공언公言은 공언空言이 되고 말았다. 김 씨와 나는 '마라도에 포구는 불가능'이라는 점에서 서로 상통하였다. 그리고 김 씨는 나에게 서서히 말문을 열어주었다. 다시 김 씨를 뵈러 마라도로 찾아갔을 때, 김 씨는 마라도에서 살아온 삶의 기억을 스스로 들추어내어 들려주었다. 김 씨는 강직하고 명석한 사람이었다.

나는 김 씨를 비롯한 마라도 여러분들의 삶의 기록을 카드에 옮겨 적어나갔다. 그 후 카드에서 〈마라도 어로민속〉에 관한 것만 추려내어 원고를 만들어 분교장에게 보냈고, 그 나머지 카드는 봉투에 넣어두었다.

2005년 9월 7일, 일본 동북예술공과대학東北藝術工科大學 동북문화연구센터 아카사카 노리오[赤坂憲雄] 교수와 1박 2일 일정으로 가파도에 머물게 되었다. 이런저런 얘기 도중에 마라도 필드노트 이야기가 화두에 올랐다. 그때 나의 필드노트 이야기를 들은 아카사카 교수의 한마디가 나의 머릿속에서 떠나지 않았다.

"카드를 정리한 사람이 원고를 만들 수밖에 없다!"

막상 이 책의 원고를 만들어보려니 아쉬움이 많았다. 2005년에 마라도를 찾아갔던 것도 한 권의 책을 준비할 목적이 결코 아니었으니, 마라도 자료를 더 많이 모아두지 못한 것이 아쉬울 뿐이었다.

지금 마라도는 예사로운 섬이 아니다. 1985년 12월에 남제주군은 군 자치 실시 24주년을 기념해 사업비 3백만 원을 들여 마라도에 대한민국최남단비大韓民國最南端碑를 세웠다. 유양해상관광주식회

사는 1992년 2월부터 송악산松岳山과 마라도 사이에 관광유람선 '유양호'를 띄웠다. 유양호는 139톤 규모에 승선인원 280명의 호화유람선이다. 지금도 하루에 4회 왕복하는데 1년에 20만 명의 관광객이 왕래하고 있다. 대한민국의 최남단 마라도의 땅을 밟아보려는 꿈을 안고 찾는 관광객들이 넘쳐난다. 마라도는 일부 해녀들의 물질을 제외하고는 관광업으로 살아가는 섬이 되었다. 해녀들이 채취한 해산물도 관광 상품일 뿐이다. 이렇게 마라도는 크게 변하고 말았다.

1883년에 입경入耕이 이루어지면서부터 마라도의 풍토에 맞게 창조하여 온 마라도 사람들의 삶의 지혜를 모아 이 글을 채워보고자 한다.

1장 〈역사〉에서는 여러 문헌 속에서 마라도의 내용을 가려내고 역사, 민속학적으로 접근하였다.

2장 〈민속지리〉에서는 바다의 지명, 그리고 조류와 바람으로 나누어 마라도 사람들이 마라도라는 환경에 어떻게 적응하며 삶을 꾸려왔는지를 살펴보았다.

3장 〈생산기술과 민속〉에서는 농경, 목축, 어로로 나누어 그 기술과 민속을 살펴보았다.

4장 〈의식주〉에서는 제주도의 전반적인 의식주생활보다 마라도다운 내용만을 가려 살펴보았다.

5장 〈사회와 신앙〉에서는 마라도의 의사전달 수단인 횃불, 통혼권, 신앙 등을 살펴보았다.

이 글은 김창부 씨[1912년생, 여]를 비롯한 마라도 여러분들로부터 가르침받은 내용으로 채워진다. 그리고 지금까지 마라도를 대상으로 한 인문·사회학적 연구 성과는 이 글을 엮는 데 크게 도움이 되었다. 그 대표적인 성과를 들어보고자 한다.

가파도 출신 김창화金昌化 씨는 〈가파도·마라도 연혁〉을 남겨놓았다. 연혁에 들어 있는 〈도장島長, 구장區長, 이장里長 명단名單〉에 따르면, 김창화 씨는 1951년부터 1954년 사이에 가파리의 이장을 역임하였다. 언제 이 글이 완성되었는지는 알 수 없다. 그러나 〈가파도의 경력〉 속에 "1992년 상동上洞 '뒷개머리' 축항築港 연차공사連次工事하다."가 있는 것으로 보아 1992년 무렵에 완성하였을 가능성이 높아 보인다. 필자가 이 연혁을 입수하게 된 것은 1994년 10월에 마라도에서 필드워크가 한창 이루어지고 있을 때였다. 마라도에 거주하고 있는 라 씨가 이 〈연혁〉을 소장하고 있었다. 라 씨는 김창화 씨의 조카였다. 김 씨는 이 연혁을 탈고하고 조카 라 씨에게 맡겨두었던 것이다. 이 자료는 마라도를 이해하는 데 크게 도움이 되었다.

이기욱李起旭은 1980년과 1981년 겨울방학을 이용하여 마라도에 40일간 거주하며 문화인류학적文化人類學的 조사를 이루어내고, 《제주도연구濟州島硏究》 1집[1984년]에 〈도서島嶼와 도서민島嶼民: 마라도馬羅島〉를 발표하였다. 이 글은 마라도에 대한 최초의 인문·사회학적 접근이 아닌가 한다. 이 글은 마라도의 환경, 마을의 구성, 경제활동, 사회조직, 종교 활동 등으로 구성되었다.

김영돈金榮墩은 1970년의 필드노트를 토대로 하여 〈마라도의 해녀들〉이라는 이름으로 《한국의 해녀》[민속원, 1999년]에 발표하였다.

고광민高光敏은 1994년에 필드노트를 토대로 하여 〈마라도 어로 민속〉이라는 이름으로 《마라도지馬羅島誌》[1994년]에 발표하였다.

현용준玄容駿은 1966년 여름에 제주대학교 학생들을 인솔하여 마라도를 견문하였다. 그 당시와 2003년 6월 6일의 견문기를 엮어 그의 수필집 《황혼의 언저리》[각, 2006년]에 소개하였다. 현용준은 1966년 당시의 마라도의 모습을 '원초적인 소박한 삶'이라고 하였고, 2003년 마라도의 모습을 '경쟁사회로의 변화'라고 하면서 "원초적인 소박한 삶은 사라지고 정감을 잃어버린 경쟁의 사회로 변하고 말았다."라고 지적하였다[현용준, 2006: 111].

이기욱, 김영돈, 현용준의 마라도에 대한 연구 성과와 견문기는 이 글을 엮는 데 크게 도움이 되었다. 특히, 현용준은 이때 소중한 사진기록을 남겨두었는데, 그 일부는 이 책을 엮는 데 활용하였다.

제1장

역사

역사

위치와 면적, 그리고 이름

마라도는 동경 126도 16분, 북위 33도 06분에 위치한다. 마라도에서 가파도까지는 5.5km, 그리고 제주도 서남쪽에 있는 모슬포摹瑟浦까지는 11km이다. 면적은 0.299㎢, 섬 둘레 4.2km, 동서 0.5km, 남북 1.25km이다. 마라도는 제주도에서 가장 남쪽에 있다. 제주도 사람들은 마라도를 '말에섬'이라고 하였다. '말'은 끝의 의미를 지닌 한자어 '말末'이니, 말에섬은 제주도의 끝에 있는 섬이라는 말에서 비롯되었다. 그 후 말에섬은 한자를 차용하여 마라도가 되었다.

가파도는 그 면적이 0.84㎢이다. 가파도는 마라도보다 3배쯤 큰 섬이다. 그럼에도 불구하고 가파도는 해발 20m의 섬이니, 해발

34m의 마라도보다 납작한 모양이다. 마라도가 절벽으로 이루어졌다면, 가파도는 솥뚜껑을 덮어놓은 듯이 평평한 모양이다. 옛 사람들이 가파도를 '더께섬'이라고 하였던 까닭도 이 때문이다. '더께'는 평평한 솥의 뚜껑인 덮개와 인연이 있는 말이다. 옛 지도에도 더할 가加와 뚜껑 개蓋를 번갈아 쓰고 있다.[1] 마라도의 이름은 섬의 위치에서, 그리고 가파도의 이름은 섬의 모양에서 비롯되었다.

문헌 속의 마라도

《신증동국여지승람新增東國輿地勝覽》〈대정·산천大靜·山川〉은 이 섬을 마라도麼羅島라고 하면서, "대정현大靜縣 남쪽 25리里에 있고, 그 주위는 5리이다.[2]"라고 하였다.

이원진李元鎮의 《탐라지耽羅志》〈대정·산천〉은 이 섬을 마라도摩蘿島라고 하면서, "대정현大靜縣의 남해 중에 있는데, 그 주위는 5리里이다.[3]"라고 하였다.

---

1) 《신증동국여지승람(新增東國輿地勝覽)》, 《남사록(南槎錄)》, 《지영록(知瀛錄)》은 개도(蓋島), 〈제주삼읍전도(濟州三邑全圖)〉는 가파도(加波島), 《남환박물(南宦博物)》은 개파도(蓋波島), 《탐라순력도(耽羅巡歷圖)》는 개파도(蓋波嶋)라고 하였음도 바로 이 때문이다.

2) 在縣南二十五里 周五里.

3) 在縣南海中 周五里.

이형상李衡祥, 1653~1733의 《남환박물南宦博物》은 이 섬을 마라도摩羅島라고 하면서, "가파도加波島 동남쪽에 있는데, 수로는 20리里이고, 그 주위는 5리이다.4)"라고 하였다. 세 문헌은 마라도에 대하여 대정현大靜縣에서의 거리, 그리고 섬의 둘레에 초점을 두었다.

일본 천리대학天理大學은 1750년 안팎에 편찬한 것으로 여겨지는 저자 미상의 필사본 《증보탐라지增補耽羅誌》를5) 소장하고 있다. 이 책은 이 섬을 마라도馬蘿島라고 하면서, 이 섬에 대하여 제법 소상하게 기록하고 있다(도1).

이 섬은 대정현大靜縣의 남해 중에 있다. 주위는 5리里이다. 사면은 석벽石壁이 드높고 험하니 배를 붙일 곳이 없다. 귤과 유자나무가 있다. 또 샘이 있다. 그 이름을 학사천學士泉이라고 한다.6)

---

4) 盖波東南有摩羅 水路二十里 周五里.

5) 이 책은 지금까지 제주도의 학계에 소개되지 않았던 자료이다. 천리대학(千里大學) 국제문화학부 아시아학과 후지타 아키요시(藤田明良) 교수께서 복사하여 주었다. 그 후의에 감사드린다. 그리고 김영길은 최근(2016)에 이 책을 번역하여 《국역 증보탐라지(國譯 增補耽羅誌)》를 출간했다.

6) 馬蘿島 在縣南海中 周五里 補四面石壁嵯峨 不得泊舟 橘柚在其中 有泉名曰 學士泉云.
또 이 책 〈古今事蹟〉에서, "光海君 4년(1612) 7월, 荒唐船 한 척이 大靜縣 麼羅島에 나타났다. 投書를 살펴보았더니 그 배는 琉球의 것이었다. 衣服과 糧食을 갖추어 出送하였다."(光海四年壬子七月 荒唐船一隻 現形於大靜縣麼羅島 觀其投書則乃琉球也 備給衣糧出送都會官)고 하였다.

塞浦在縣東十七里

竹島在縣西二十六里四面皆石壁東南有泊舟處故倭舡屢入于此壁東

蓋波島在縣南海中補蓋波島在松岳之南有水三處如此

其東有石峴一日春夏間給績不絕漢奧州人李枝發故馬花在蠹此水作此

故陸地採顱缸出浸發賽島在蠹此

波之西湖汐舟橘柚在其上辛泉云別場

未牧使鄭彦儒敬黑牛云作今

峨有泉名曰学士泉上

中有穴如石門小故俗皆見二大石在兄弟島東西

特立東大西流之八面洞府幽邃俟見一水澄泓可五六里

淵池三面巖石菱今廢前有懸瀑上層高十餘丈下

橋梁

增道里 州見濟

增成瀑川在縣東三十里天帝

貫島在縣東南海中又有大石特立

摩羅島在縣南海中有石壁峻嵯

〇舊悟之兩澗鋪如掛水晶簾落而為澗深不可測矣下

도1《증보탐라지(增補耽羅誌)》〈大靜·山川〉마라도(馬羅島)

021

이원조李源祚는 《탐라지초본耽羅誌草本》(大靜·島嶼)에서, 이 섬을 마라도馬羅島라고 하면서 제법 소상하게 기록하였다(도2).[7)

이 섬은 대정현大靜縣의 남해 중 백 리에 있다. 학사천學士泉이 있다. 임목林木이 무성하고 빽빽하다. 큰 뱀[大蛇]이 많다. 3~4월에 어채漁採하며 왁자지껄거리면 황무黃霧가 사방을 막아버리고 보리가 자라지 못한다. 그러니 망종芒種 전에는 어채선漁採船 출어出漁를 금한다.[8)

《증보탐라지增補耽羅誌》와 《탐라지초본耽羅誌草本》에서, 마라도에 대한 기록을 가려내고 그 속내를 들여다보고자 한다.

석벽이 드높고 험하니 배를 붙일 곳이 없다 石壁嵯峨 不得泊舟

마라도는 동쪽이 높고 서쪽은 낮다. 그러나 그 어디에도 배를 붙일 만한 후미진 갯밭은 없다. 겨우 바람을 피하여 배를 붙이는 선착장만이 다섯 곳에 나누어져 있을 뿐이다.

---

7) 일본 東京大學 소장본 南萬里의 《耽羅誌》(大靜·島嶼)에서도, 이 섬을 馬羅島라고 하면서, 그 내용은 李源祚의 《耽羅誌草本》을 그대로 따르고 있다.

8) 馬羅島 在縣南海中 百里 有學士泉 林木茂密 大蛇盤蜒 三四月間 漁採喧嚣 則 黃霧四塞 牟麥不登 故芒種前 禁漁採船.

放馬於此今
放養國馬卒斗
牟麥不登故茁
種前禁漁珠船

摩羅島 在縣南海中百里有等士泉林木茂密大
蛇盤蜒三四月間漁採喧囂則黃霧四塞
貫島 在縣東南海中有大石在暮瑟
對立故俗稱兄弟島
暮瑟浦 岳下 西

林浦 在縣西二十里
尾浦 三十里
友浦 在縣西三十三里
金露浦 十里 猊來
浦十五里
遮歸浦 岳下
大浦 在紂山川下流
星川浦 在塞連川下流 金素
浦四十里
塞浦 在縣東十七里

物產 與濟州同別有梅實吉更蒼朮木瓜木賊蒲黃石花
淡菜等物且宜稻綿地廣人稀兩冠之八 槐居

土俗 氏族 並與濟州同

坊里

도2《탐라지초본(耽羅誌草本)》(大靜·島嶼) 마라도(馬羅島)

023

- 남덕: 파도가 없는 날 겨우 배를 붙일 수 있는 곳이다. 원래 마라도는 상록활엽수^{常綠闊葉樹}가 울창한 섬이었다. 제주도 사람들은 마라도에서 나무를 베었다. 베어낸 나무를 제주도로 실어 나를 때 이곳에 배를 붙였다. 그래서 '남덕'이다. '남'은 나무의 제주도 말이다. '덕'은 언덕의 의미를 갖는 말이다.

- 신작로^{新作路}: '남덕' 남쪽에 있는 갯밭 이름이다. 제주도의 현대사에서 '신작로'라는 말의 등장은 1914년이다. 김석익^{金錫翼, 1885~1956}은 《심재집^{心齊集}》의 〈탐라기년^{耽羅紀年}〉에서, 그 해에 "신작^{新作} 동서 한길을 만들면서 집, 무덤, 토지의 피해가 일었다.[9]"라고 하였다. 또 "마라도에 등대를 세웠다.[10]"라고 하였다. 조선총독부는 그 당시 마라도에 등대의 물자수송을 위한 길을 개척하였다. 지금의 선착장에서 등대가 있는 곳까지 길을 내었다. 그래서 이곳을 신작로라고 하였다. 그 후 1980년에 남제주군의 예산 지원으로 선착장 보수 및 확장공사를 하여 오늘에 이르고 있다(도3).

- 장시덕: 마라도 동남쪽에 '장군바위'가 있다. '장시덕'은 장군바위 아래쪽에 있는 언덕 이름이다. 겨울의 북서계절풍에는 안전지대가 되니, 이곳에 배를 붙이려고 선착장을 만들었다. 옛날에는 이곳을 '장구석'이라고도 하였다.

---

9) 新作 東西大路 家屋墳墓土地 多被毁發.

10) 設燈臺于摩羅島.

• 알살레덕: 마라도 동북쪽에 있는 선착장 이름이다. 동풍이 불면 파도가 높아 배를 붙이기 어려우나 북서풍은 의지가 되었다. 제주도에서는 부엌에서 찬거리나 그릇을 보관하는 목제품을 '살레'라고 하였다. 먼바다에서 이곳의 갯밭을 바라보면, 그 모습이 마치 살레처럼 보인다고 하여 '살레덕'이다. '자리^{자리돔}' 어장이 이루어지는 곳이다. 수심도 제법 깊다. 1985년에 최초로 이곳에 선착장 공사가 이루어졌다.

• 자리덕: 마라도 서북쪽 갯밭에 있는 선착장 이름이다. '자리'를 잡는 '덕'으로 이루어진 갯밭이어서 '자리덕'이다. 갯밭은 병풍을 친 듯 20~30m 높이의 절벽 모양이다. 남동풍이 불 때 이곳은 안전지대다. 이곳에 배를 붙이려고 선착장을 만들었다.

도3 신작로(2017. 7. 27.)
신작로 방파제에서 낚시꾼들이 낚시를 즐기고 있다.

마라도는 석벽石壁이 높고 험하니 배를 붙일 곳이 없다. 지금 선착장이 다섯 군데로 분산되어 있음도 바로 이 때문이다.

귤나무 또는 나무숲이 무성하고 빽빽하다 橘柚, 林木茂密

《증보탐라지增補耽羅誌》는 "귤나무가 있다橘柚在其中."라고 하였고, 《탐라지초본耽羅誌草本》은 "나무숲이 무성하고 빽빽하다林木茂密."라고 하였다. 지금의 마라도는 귤나무는 물론 나무숲이 없는 섬이 되고 말았다.

김석익은 〈탐라기년耽羅紀年〉에서, 헌종憲宗 8년1842에 제주목사 이원조가 우도牛島와 가파도加波島에 입경入耕을 허락하였다고 하였다. 그 전에 우도는 말馬의 방목지, 가파도는 소牛의 방목지나 다름없었다.[11]

가파도 김창화金昌化 씨는, 생전에 《가파도·마라도 연혁》을 양면 괘지에 남겨두었다.[12] 이 글은 기존의 여러 사서史書를 망라하여 편년체編年體로 이루어졌다. 그중 〈도서島嶼〉는 거의 가파도의 연혁으로만 채워졌는데, 그 내용은 다음과 같다.

---

11) 許民入耕 于牛島及加波島 先是放馬于牛島 放牛于加波島.

12) 金昌化 씨의 《加波島·馬羅島 沿革》은 이 책의 〈부록 1〉에 全文을 소개하고자 한다.

가파도加波島는 대정읍大靜邑 하모리下摹里 앞바다에 있는데 지세地勢가 편평編平 13)하고 주위周圍가 십여리十餘里나 된다. 영종英宗14) 1811년 신미년辛未年 목사牧使 정언유鄭彦儒가 여기에 목장牧場을 설치設置하고 흑우黑牛 오십두五十頭를 방목放牧하여 진상進上에 공공供供하였다. 헌종憲宗 1840년 경자년庚子年 영함英艦이 와서 소를 약탈掠奪하고 배에 실었으므로 대정현감大靜縣監 강계우姜繼遇가 작은 배로 가서 그 정情을 묻고자 하였더니 영함英艦은 대포大砲를 연발連發하고 떠나버렸다.

서기西紀 1842년 임인년壬寅年 소를 모동장毛童場 대정읍大靜邑 무릉리武陵里로 옮기고 목사牧使 이원조李源祚가 지방민地方民에게 입경入耕하게 하였다. 현재現在는 큰 촌락村落을 이루었으며 해산물海産物이 풍부豊富하지만 부근附近에는 암초暗礁가 많고 조류潮流가 급急해서 선박왕래船舶往來가 불편不便하다.

가파도는 조선왕조 순조純祖 11년1811까지 방목지로 이용하였던 섬이다. 그리고 헌종憲宗 8년1842에 입경入耕이 이루어졌다. 이때까지만 하더라도 마라도는 금단禁斷의 땅이었다.

---

13) 扁平의 誤記이다.
14) 純祖의 誤記이다.

큰 뱀이 많다 大蛇盤蜒

이원조의 《탐라지초본》은 마라도에 "큰 뱀이 많다[大蛇盤蜒]."라고
하였다. 마라도의 큰 뱀은 나무숲과 그 운명을 같이하였다.

망종 전에 어채선을 금한다 芒種前 禁漁採船

마라도와 그 주변은 금기의 성역이었다. 특히 봄에 마라도와 그
주변에서 어채漁採를 금하였다. 3~4월에 어채하며 왁자지껄거리
면 황무黃霧가 사방을 막아버리고, 또 보리가 자라지 못하니 망종
6월 6일경 전에 어채선 출입을 금하였다는 것이다.

김영돈은 〈마라도의 해녀들〉에서, 망종 전 마라도 출입은 그 화
가 컸다고 하면서 다음과 같이 지적하였다.

마라도에 사람이 살기 전에는 온 섬에 수풀만이 울울창창하게 우거졌
었다 한다. 함부로 찾아들면 안 된다는 뜻에서 '금禁섬'이라 했고, 이웃
인 가파도나 모슬포 사람들도 마라도 출입은 애써 삼갔다.
함부로 마라도 출입을 꺼리게 된 구체적인 까닭은 무엇이었을까? 만
약 마라도에 가서 해산물을 캐어가거나 나무를 베어갈 때면 찾아갔던
사람의 고향에 어김없이 흉년이 들곤 했기 때문이다. 신기한 일이었
다. 아름드리나무도 섬 안에는 무성했거니와 사면 바다로 에워싸인
마라도에선 어느 어장에서도 그 탐스런 전복·소라를 힘 덜 들이고도
수두룩이 캘 수 있었지만, 이런 나무나 해산물을 어쩌다가 가까운 사

람들이 몰려가서 캐기만 하면 그들의 고향에는 심한 흉년이 몰아쳐서 엄청나게 시달리곤 하였다. 특히 망종 전의 출입은 그 화가 몹시 컸다. 따라서 어느 누구도 함부로 마라도 출입을 감행하려 할 리가 없었다.[15)]

김영돈의 〈마라도의 해녀들〉은 1970년의 필드노트를 바탕으로 이루어졌다고 하였으니, 그 당시까지만 하더라도 망종 전 마라도 연근해 출어금지出漁禁止의 이야기가 전승되고 있었던 셈이다.

"3~4월에 어채漁採하며 와자지껄거리면 황무黃霧가 사방을 막아버리고 보리가 자라지 못한다三四月間 漁採喧罵 則黃霧四塞 牟麥不登."라고 하였으니, 여기에서 황무는 도대체 무엇이었을까. 김석익의 《탐라기년》에는 황무가 제법 등장한다.

① 선조 35년[1602] 봄에 황무黃霧가 보리를 해쳤다. 사람들은 상실蕎實을 먹었다.[16)]

② 숙종 9년[1683] 봄에 황무黃霧가 편야遍野하여 모맥麰麥을 손상損傷시켰다.[17)]

③ 영조 8년[1732] 봄에 황무黃霧가 편야遍野하였다.[18)]

---

15) 金榮墩, 〈마라도의 해녀들〉, 《한국의 해녀》, 1999년, 민속원, 478쪽.

16) 宣祖三十五年 春 黃霧害麰 人食蕎實.

17) 肅宗九年 春 黃霧遍野 損傷麰麥.

18) 英祖八年 春 黃霧遍野.

④ 영조 45년[1769] 봄에 황무黃霧가 편야遍野하여 모맥麰麥이 절종絶種하였다.[19]

　사례 ③에서만 구체적으로 보리[麰麥]를 언급하지 않았지만, 황무가 많은 해에는 보리가 손상되거나 절종絶種하였음을 알 수 있다. 황무의 정체를 뜯어볼 필요가 있다. 제주도의 보리는 음력 4월 초순에 이삭이 피어나고, 음력 4월 하순에 거두어들인다. 그 무렵에 고사리는 땅거죽을 뚫고 솟아오른다. 제주도에는 장마가 둘이다. 봄철 보리이삭이 피어나고, 또 고사리가 땅거죽을 뚫고 나올 무렵의 장마를 '고사리마', 그리고 음력 5월의 본격적인 장마를 '마'라고 하였다.

　봄철의 고사리마는 안개가 자욱하여 고사리를 영글게 만들었다. 이즈음에 고사리마가 들지 않아 햇볕만 쨍쨍하면 고사리는 영글지 못하였다. 이런 모양의 고사리를 '벳고사리'라고 하였다. '벳'은 햇볕의 제주도 말이다. 벳고사리는 햇볕의 기운만 많이 받아 영글지 못한 고사리이다. 반면 고사리마가 짙을수록 이삭이 핀 보리는 영 영글지 못하였다. 그래서 망종을 넘긴 보리는 스물이 넘어도 시집 못 간 처녀에 비유되었다. 그것이 "망종 넘은 보리, 스물 넘은 비바리."였다.

　'고사리마' 때의 짙은 안개를 옛 문헌은 황무黃霧라고 하였던 것

19) 英祖四十五年 春 黃霧遍野 麰麥絶種.

은 아닐까. 음양오행陰陽五行에 따른 오색五色은 청/동靑/東, 백/서白/西, 적/남赤/南, 흑/북黑/北, 황/중앙黃/中央이다. 이럴 때 황무는 지상의 안개요, 또 계절적으로는 제주도 고사리마 때의 안개다. 고사리마 때의 황무는 보리를 영글지 못하게 만들었다. 또 고사리마 후에는 계절풍인 샛바람이 불어 보리를 꺾어 버리기 일쑤다. 이러한 음력 3~4월 황무의 원인을 마라도의 출어 때문에 비롯된 것으로 여겼던 것이다.

학사천 學士泉

마라도에는 우물이 없다. 물이 귀한 섬이다. '올한덕'이라는 해안 가까운 쪽에 땅을 파 우물을 마련하였다. 이곳을 '물통'이라고 한다. 물통은 입경入耕 이후에 마련한 우물이었다. 이 우물 또한 수량이 그리 넉넉하지 못하였다. 그런데 여러 문헌은 마라도에 학사천이 있다고 하였다.

일본 천리대학 소장본《증보탐라지》는, "마라도에 샘이 있는데, 그 이름을 학사천學士泉이라 한다.[20]"라고 하였다.

이원조의《탐라지초본》과 남만리南萬里의《탐라지耽羅誌》는, "학사천學士泉이 있다.[21]"라고 하였다.

---

20) 其中有泉 名曰 學士泉云.
21) 有學士泉.

고병오高炳五, 1899~1972의 《원대정군지元大靜郡誌》는 "학사천學士泉이 있는데 큰 가뭄에는 말라버린다.[22]"라고 하였다.

담수계淡水契의 《증보탐라지》는 "도민島民의 음료수飮料水는 학사천學士泉이 유有하나 결핍缺乏하는 시時가 다多함으로 고지高地에서 대소화大篝火를 분焚하야 가파도민加波島民에게 급急을 고告한다."라고 하였다.

학사천은 '섬비물'의 한자를 차용한 것이다. 섬비물은 지금의 '할망당' 동쪽에 있다. 섬비물의 '섬비'를 한자로 차용하여 학사學士라고 하였던 모양이다. 어느 누구도 이 샘물을 이용하였던 적은 없다고 한다. 마라도가 수림樹林으로 덮여 있을 때의 섬비물 모습은 어떠하였는지 지금으로서는 알 수 없지만, 마라도는 이래저래 물이 귀한 섬이 되고 말았다.

버림받은 땅

석벽石壁이 드높고 험하니 배도 붙일 곳이 없는 섬, 수림樹林이 무성하고 빽빽한 섬, 큰 뱀[大蛇]이 우글거리는 섬, 망종芒種 전에 어채선漁採船의 출입도 금하였던 섬, 그리고 물이 귀하여 마른빨래[23]를 하였던 섬 마라도는 버림받은 땅이나 다름없었다. 그래서 마라도는 제주도에서 버림받은 신들의 유배지로 작용하였다.

---

22) 有學士泉 大旱則渴.
23) '마른빨래'는 이 책 4장 〈의식주〉에서 소개하게 될 것이다.

제주도는 마을마다 성소^{聖所}를 거느리고 있다. 신당^{神堂}과 포제단^{酺祭壇}이다. 여기에서는 신당에 대해서만 살펴보기로 한다. 현용준^{玄容駿}은 《민속사진집 령^靈》에서 제주도 신당의 성격을 다음과 같다고 하였다.

신당은 무속^{巫俗}의 마을신을 모신 곳으로서 한 마을에 한 곳 이상 있다. 한 곳은 반드시 있는 것으로서 그 마을의 토지, 주민의 생산, 호적, 장적^{帳籍} 등 모든 것을 차지하여 수호해주는 신을 모신 곳이다. 이런 신을 모신 당을 본향당^{本鄕堂}이라 한다. 이 당은 마을의 수호신의 거처이니까 어느 마을에나 한 군데 있는 것이 당연하고, 이외로 기능별 신당들이 있다. 어린 아기를 잘 키워주고 안질이나 피부병, 설사병 등을 고쳐주는 '이렛당', 표선면^{表善面} 토산리^{兔山里}에서 번져왔다는 소위 뱀의 신을 모신다는 '여드렛당', 그 외로 어업만을 맡아 수호해준다는 당, 또는 다른 마을 사람이 시집오면서 그 마을의 신당을 모셔온 신당 등이 있다. 이런 분파^{分派}된 당을 '가지 가른 당'이라 한다.

각 신당에는 제일^{祭日}이 정해진 곳이 많고, 제일이 정해져 있지 않아서 택일하고 가는 곳이 있다. 제일이 정해진 당들은 대개 정월달에 '신과세제', 2월 달에 '영등제', 7월 달에 '마불림제', 9~10월 달에 '시만곡대제' 등 1년 4대 제일^{祭日}로 정해진 곳이 많다. 또 '일뤠당'은 매달 초이레, 열이레, 스무이레에 가는 당이며 '여드렛당'은 매달 초여드레, 열여드레, 스무여드레에 가는 당이다. 택일을 하고 가는 당은 정월 초승에 대부분 과세를 겸하여 가고 집안에 무슨 변고가 있을 때 택일하여 빌러 간다.

이들 각 당에는 그 당신堂神의 출생으로부터 이 당신으로 좌정坐定할 때까지의 유래, 식성食性, 성격, 기능 등을 설명하는 당신본풀이가 있다. 본풀이란 신화神話를 뜻하는 말이다. [24]

제주도 토산리표선면에는 '웃토산'과 '알토산'에 각각 하나씩 신당이 있다. 웃토산에 있는 신당을 '이렛당', 알토산에 있는 신당을 '여드렛당'이라고 한다. 여드렛당은 소위 뱀신蛇神을 모신 당이고, 이렛당은 어린 아기를 키워주는 육아신을 모신 당이다.

제주도의 굿에서 토산리표선면의 여드렛당과 이렛당의 신을 위한 굿은 하나의 제차 속에서 차례로 이어진다. 여드렛당을 위한 굿을 '방울풀이', 그리고 이렛당을 위한 굿을 두고 '아기놀림'이라고 한다.

여드렛당 본풀이를 노래하고 나서 방울풀이를 한다. 본풀이에 나오는 신의 원한이 가슴에 맺혔다 하여 그 원한을 '방울'로 형상화한다. 그 한을 푼다고 하여 긴 광목에 매듭을 지어 이를 '방울친'이라 하고, 환자를 앉히고 그 광목을 흔들어 털어 매듭을 하나하나 풀고 춤추는 것이다. 그 광목으로 사려 앉은 뱀 모양을 만들어 뱀이 살아났음을 표현하고 그 신을 '고팡'으로 모신다.

방울 풂이 끝난 후 토산 이렛당 본풀이를 노래한 뒤에 '아기놀림'이 펼쳐진다. 아기를 업고, 아기구덕에 눕혀 흔들어 잠재우고,

---

24) 玄容駿(2004),《민속사진집 靈》, 도서출판 각, 139쪽.

젖을 먹이고, 먹을 것을 주어 달래고 하며 아기를 키우는 장면을 벌이는데, 이를 '아기놀림'이라 한다.

현용준은 《제주도 신화의 수수께끼》^{집문당, 2005년}에서, '이렛당'의 본풀이는 '제주도에 돼지 토테미즘이 있었던 흔적'이라는 의문을 제기하며 이 본풀이를 다음과 같이 소개하고 있다.

> 웃손당^{上松堂里}의 신 금백주와 알손당^{下松堂里}의 신 소천국이 부부가 되어 아들 여섯을 낳고 일곱째는 뱃속에 있을 때, 부인 금백주의 권유로 농사를 지으려고 밭을 갈다가 밭 갈던 자기네 소와 남의 소까지 잡아먹어 겨우 허기를 면하였다.
>
> 이를 안 백줏도는 "남의 소까지 잡아먹었으니 쇠 도둑놈이 아니냐." 하여 다툼이 생기고 남편이 쫓겨나 살림이 분산된다.
>
> 일곱째 아들을 낳은 백줏도는 아기가 세 살이 되자 남편에게 데리고 간다.
>
> 아기는 아버지 무릎에 앉아 수염도 뽑고 가슴팍도 때리고 하므로 불효하다 하여 돌함에 담아 바다에 띄워 버린다.
>
> 돌함은 동해용왕국 산호수 가지에 걸렸는데, 용왕이 청룡·황룡이 산호수 가지에 얽힌 꿈을 꾼다.
>
> 용왕은 큰딸, 둘째딸을 내보내어 산호수 가지를 살펴보도록 하였으나 발견하지 못하고 막내딸이 알아낸다.
>
> 용왕은 큰딸, 둘째딸더러 내려 열도록 했으나 못 내리고, 막내딸이 내려서 열어보니 천하명장이 앉아 있다.
>
> 용왕이 사연을 물으니 "제주도 소천국의 아들인데, 강남천자국의 병란

을 평정하고 돌아오는 길이라."고 하였다.

대단한 사윗감으로 알고 "큰딸 방으로 들라." "둘째딸 방으로 들라." 해도 안 들어가다가 "막내딸 방으로 들라."고 하니 서른여덟 이빨을 허우덩싹 웃어가며 들어간다.

칠첩반상에 음식을 잘 차려 밥상을 올렸으나 들여다보지도 않으므로 "무엇을 먹느냐."고 물으니 "나는 밥도 장군, 떡도 장군으로 먹는다."고 한다.

용왕은 "내가 사위손님 하나 대접 못 하랴." 하고 동서남북 창고를 다 열고 먹인 창고가 모두 비어 간다.

할 수 없이 딸과 사위를 다시 돌함에 담고 바다에 띄워 버린다. 막내딸은 나올 때 부술 주머니와 부채를 가지고 온다.

돌함은 제주도에 표착하고 부부는 손당으로 올라가는데, 시어머니인 백줏도가 콩을 볼리고 있었다.

용왕의 막내딸은 며느리로서 인정을 받기 위해 부술 주머니의 코를 조금 여니 시어머니의 눈에 콩깍지가 들어 아파한다.

용왕의 막내딸은 "불효의 며느리지만, 제가 고쳐 드리겠습니다." 하고 부채를 내놓아 설설 부치니 콩깍지가 절로 떨어져 나왔다. 시어머니는 며느리의 재주에 감탄하고 며느리로 받아들였다.

며느리는 차지할 땅이 얼마나 되는지를 돌아보기 위해 들판을 돌아다니다가 몹시 목이 말라 물을 찾았으나 물은 없고 돼지 발자국에 물이 약간 고인 것을 발견한다. 그 물을 먹으려고 엎디어 물을 빨아먹는 도중 돼지털 하나가 코를 찔렀다. 그 돼지털을 태워 먹으니 돼지고기를 먹은 듯하였다.

집에 돌아오니 남편이 돼지고기 냄새가 나서 부정하다 하고서 마라도로 귀양을 보내 버렸다.

남편은 오백장군 딸을 작은 부인으로 정하고 데려오니, 작은 부인이 큰부인을 귀양 보낸 사실을 알고 귀양을 풀러 마라도에 갔다.

마라도에 가보니 큰부인은 아기 일곱을 낳아 키우고 있었다. 작은 부인이 귀양 풀러 온 것을 말하고 집으로 돌아갈 것을 권유하니, 큰부인은 바닷가로 돌면서 귀보말^{작은 고동류}을 까먹으며 갈 것이니 아기 일곱을 데리고 산길로 가라고 한다.

작은 부인은 아기 일곱을 데리고 오는데, 중간에 아기의 수를 세어보니 여섯밖에 없어 아기 하나를 잃어버린 것을 알았다.

작은 부인은 급히 돌아가면서 보니 아기 하나가 상동을 따 먹으려다 떨어져 띠 그루에 뒹굴며 울고 있는데, 온몸은 상처가 나서 여러 가지 옴이 생기고, 허물이 생기고, 눈은 까마귀가 하나 파먹어 눈병이 나 있었다.

이 아기를 데려다 큰부인에게 바치고, 두 부인은 '서당팟'으로 좌정하여 아기의 병을 고쳐 잘 키웠다.

이 두 신은 7일, 17일, 27일에 음식을 올려 기원하면 물비리 당비리 등 각종 옴과 홍허물 너벅지시 등 허물을 고쳐주며 이질 복통 등을 다 걷어 아기를 잘 키워준다.[25]

---

25) 현용순(2005), 《세구도 신과의 수수께끼》, 김문당, 168·170쪽.

이 본풀이는 전반부와 후반부로 나누어볼 수 있다. 전반부는 제주도 송당리^{구좌읍}의 '본향당' 본풀이고, 후반부는 다산^{多産}·치명^{治命}·육아^{育兒}신의 본풀이다.

토산리^{표선면} 이렛당 본풀이의 '큰부인'은 들판을 돌아다니다가 몹시 목이 말라 돼지 발자국의 물을 빨아먹다가 돼지 털 하나가 코를 찔러 그것을 불태워 먹으니 돼지고기를 먹은 듯하였다. 큰부인은 돼지고기 육식^{肉食}의 금기를 어기고 말았다. 남편은 금기를 어긴 큰부인을 마라도로 귀양을 보냈다는 것이다. 이렇게 마라도는 제주도에서 버림받은 신의 유배지였다.

입경^{入耕}

제주도에서 버림받은 신들의 귀양정배 섬이었던 마라도에 입경이 이루어졌다. 김창화 씨는 《가파도·마라도 연혁》에서, 마라도에 대하여 다음과 같이 서술하고 있다.

> 본도^{本島}는 대정읍^{大靜邑} 전방^{前方} 대해^{大海}에 재^在하니 원래^{元來} 무인도^{無人島}이나 1882년 계미년^{癸未年}에 개경주민^{開耕住民}함을 허가^{許可}하였으며, 1914년 등대 시설^{燈臺施設} 이후^{以後} 인가^{人家}가 증가^{增加}하다.

계미년은 1883년이니, 입경이 1882년에 이루어졌다는 것은 오기^{誤記}인 듯하다. 다음의 〈마라도 최초 개경자 명단〉에서는 1883

년이라고 하고 있다.

서기^{西紀} 1883년 계미년^{癸未年} 마라도^{馬羅島} 최초^{最初} 개경자^{開耕者} 명단^名
^單 여좌^{如左}함²⁶⁾

고부 이씨^{古阜李氏} 이성철^{李成哲} 조부^{祖父}

진주 강씨^{晋州姜氏} 강창순^{姜昌順} 조부^{祖父}

황보 황씨^{皇甫皇氏} 황보기관^{皇甫基官} 조부^{祖父}

나주 라씨^{羅州羅氏} 라봉천^{羅奉千} 조부^{祖父}

경주 김씨^{慶州金氏} 김태병^{金太丙} 조부^{祖父}

김해 김씨^{金海金氏} 김창일^{金昌一} 조부^{祖父}

김해 김씨^{金海金氏} 김백능^{金百能} 조부^{祖父}

김해 김씨^{金海金氏} 김군일^{金君一} 조부^{祖父}

고부 이씨^{古阜李氏} 이응필^{李應弼} 조부^{祖父}

청주 한씨^{淸州韓氏} 한만년^{韓萬年} 조부^{祖父}

청송 심씨^{淸松沈氏} 심상원^{沈尙元} 심덕추^{沈德秋} 계부^{季父}

마라도 입경은 가파도 입경이 이루어진 해인 1842년보다 41년
이 늦은 1883년에야 이루어진 셈이다. 이기욱^{李起旭}은 마라도 최초
입경의 배경은 다음과 같다고 하였다.

모슬포 읍사무소의 소장 자료에 의하면 당시 대정골에 거주하던 김 씨

26) 세로쓰기이기에 如左라고 하였다.

가 도박으로 가산을 탕진하여 생활 능력을 상실하자 친척들이 모여 상의한 후 고을 원님에게 섬의 개척을 건의한 결과, 이듬해 제주목사 심현택이 공식적으로 인가하여 이주가 가능해졌다. 김 씨가 마라도를 개척한다는 소식이 전해지자 모슬포에 거주하던 나 씨, 이 씨, 강 씨 등이 지원하여 나섬으로써 모두 6세대가 친척들의 도움으로 마라도에 이주하였다.[27]

마라도의 입경인들은 울창한 수림을 한 그루도 남김없이 베어냈다. 나무가 울창한 수림을 베어내고 불을 붙여 화전을 일구듯이 마라도의 땅을 갈아엎었다. 이때 마라도의 뱀들은 서로 몸을 의지하여 제주도로 헤엄쳐 빠져나갔다고 한다. 그리고 동서로 돌담을 놓아 섬을 구획하였다. 마라도 북쪽에는 목장, 그리고 남쪽에는 인가와 밭을 배치했다. 마라도의 목장지대를 '켓밭'이라고 하였다(도4).

입경인들은 왜 한 그루의 나무도 남겨두지 않고 모두 베어냈을까. 나중에 불어닥칠 땔감 마련의 고통을 예견하면서도 말이다. 바로 방목지를 염두에 두었기 때문이다.

제주대학교 국어국문학과는 1974년 8월에 가파도를 답사하여 보고서를 남겼다. 그 속에는 〈나무 없는 마라도馬羅島〉라는 전설이 들어 있다. 전설의 전승자는 가파도의 조재문趙才文 씨1909년생, 남였다. 그 내용의 줄거리는 다음과 같다.

27) 李起旭(1984),〈島嶼와 島嶼民: 馬羅島〉,《濟州島研究》1輯, 153쪽.

도4 켓밭(2017. 7. 27.)
지금까지도 마라도 사람들의 방목 지대 공동 소유 켓밭 경계 돌담 흔적이 남아 있다.

마라도에는 지금 나무가 별로 없다. 그러니 땔감으로는 소의 똥을 말려두었다가 불을 때고 있다. 소의 똥을 땔감으로 사용할 때는 쇠똥을 그대로 주워다가 말리는 것이 아니라 손바닥으로 만두를 만들 듯이 뭉쳤다가 편편히 눌러 보기 좋게 손질한 다음에 말렸다.

이렇게 나무가 없는 마라도에서는 땔감이 큰 문제지만 개경開耕 당시에는 아름드리나무가 무성하였다. 그런데 이 섬에는 뱀이 많아서 사람이 정착하기에 매우 곤란했었다. 하는 수 없이 뱀을 없애기 위해서 불을 질렀다. 불꽃은 충천하여 온 섬을 덮었고, 그 많은 뱀들은 불에 타 죽기도 하고 일부는 바다로 뛰어들었다.

바다로 뛰어든 뱀들은 동쪽으로 헤엄쳐갔고 해류에 따라 흘러 정의지

역의 뱀 귀신이 되었다. 이래서 지금도 마라도에는 나무와 뱀이 없는 섬이 되고 말았다.[28]

교육

1962년에 마라도에는 분교가 설립되었다. 마라분교는 마라도 최초의 공공기관이다(도5). 마라분교가 설립되기 전에 마라도 어

도5 마라분교(1967년 여름)
그 당시(1967년) 가파초등학교 마라분교 학생 수는 30명 정도였다. (현용준 촬영)

---

28) 제주대학교 탐라문화연구소(1990), 《濟州島部落誌(Ⅲ)》, 553~554쪽.

린이들에게는 '이병인'이라는 참스승이 있었다. 마라분교 첫 입학생 라양옥 씨[1943년생, 남]는, 지금까지도 이병인을 기억하고 있다.

이병인은 마라분교가 설립되기 3~4년 전, 그러니 1958년 안팎에 이 섬에 왔다. 이병인의 고향은 호남지역이라는 것밖에는 알 길이 없다. 또 이 섬으로 오게 된 배경도 알 수 없다. 어떻게 실연의 아픔을 달래려고 이 섬으로 왔을 것이라고 추측하고 있을 뿐이다. 이병인은 이 섬에서 혼자 고단하게 살면서 마라도 사람들에게 공부를 가르쳤다. 등대의 기름 창고가 공부방이었다. 공부방에서는 일요일이나 방학도 없이 쉼 없이 공부가 이루어졌다. 이병인의 즐거움은 우리를 가르치는 것밖에 없는 것 같았다. 교과목은 천자문, 명심보감이었다. 나중에는 법학통론을 가르쳐주었다. 이병인에게는 아무런 보수도 없었다. 우리 부모들은 그 값으로 속옷과 신발을 사다가 선물하는 정도가 고작이었다. 이병인은 그렇게 고생하며 우리를 가르치다가 마라분교가 건립되자 이 섬을 떠났다. 이병인의 고마움을 잊을 수 없다.

제2장

민속지리

갯밭 이름
조류
바람

민속지리

마라도 사람들은 마라도 땅과 바다의 밭을 일구며 삶을 꾸려왔다. 그 과정에서 땅과 갯밭에 이름을 지었다. 마라도 사람들은 조류와 바람에 대응하며 삶을 꾸려왔다. 여기에서는 마라도 사람들이 지어놓은 갯밭 이름과 조류와 바람을 대응하는 지혜를 들여다보고자 한다. 마라도의 갯밭 이름은 마라도 사람들이 주어진 환경에 맞게 적응하며 삶을 꾸려왔던 자취이다. 또 조류와 바람에 대한 마라도 사람들의 적응과 인지력은 다양한 어휘로 나타난다.

갯밭 이름

한반도는 침강해안의 바다이다. 마라도는 제주도처럼 화산이

폭발되면서 용암으로 뒤덮인 바다이다. 침강해안의 바다는 바닷가 조간대에 암초나 돌멩이들이 있긴 하나 이는 뭍에서 잘려 나가거나 이어진다. 조간대를 지나면 곧바로 개펄바다이다. 물론 물속에 띄엄띄엄 암반이 없는 것은 아니다. 그러나 마라도 바다는 이와 다르다. 마라도 화산 용암은 흘러내리다가 바닷가에 이르러 머물러 버리지 않고 바닷속 깊이까지 흘러든다. 그러니 한반도 침강해안은 바닷가에서 곧바로 개펄바다로 이어지지만, 마라도 화산섬 바다는 바닷가와 개펄바다 사이에 돌바다가 가로놓인다. 마라도 사람들은 화산암으로 이루어진 바다를 '걸바다'라고 한다. 마라도의 걸바다에는 물고기들이 머물거나 찾아오고, 미역과 '우미_{우뭇가사리}' 등의 바다풀과 전복·구제기[29]·오분자기[30] 등의 조개류, 극피동물인 성게, 그리고 해삼이 자란다.

마라도의 걸바다에는 지명이 붙어 있다. 배를 붙이기가 험악한 섬이고 보니, 섬에서 비교적 멀리 떨어진 '펄바다'까지 나가 어로활동을 펼칠 수 없다. 그러니 마라도의 갯밭 이름은 마라도의 갯밭과 걸바다를 벗어나지 못한다(**도6**).

---

29) 한국의 표준어는 소라이다. 소라는 한반도의 남해안과 서해안 갯벌에서 자란다. 육식성이다. 그러나 제주도의 구제기는 바다풀을 먹는 초식성이다. 그리고 한국에서 제주도가 주산지이다. 제주도에서 구제기를 소라라고 이르는 곳은 없다. 그대로 구제기라는 말을 고집하고자 한다.

30) 한국의 표준어는 떡조개이다. '오분자기'는 한국에서 제주도가 주산지이다. 제주도에서 떡조개라고 이르는 곳은 없다. 지역에 따라 '조개', '바르', '오분자기'라고 한다. 이를 '오분자기'로 통일하고자 한다.

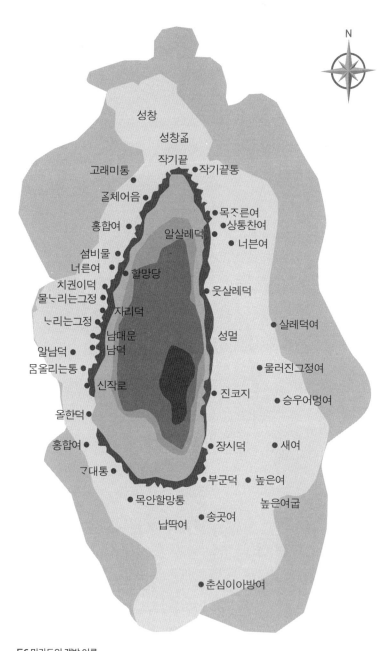

성창

성창곳

작기끝

고래미통 작기끝통

골체어음

목즈른여

홍합여 상통찬여

알살레덕 너븐여

섬비물

너른여 할망당

치권이덕 웃살레덕

물느리는그정

자리덕 살레덕여

느리는그정 성멀

남대문

알남덕 물러진그정여

남덕

몸올리는통

신작로 진코지 승우어멍여

올한덕

홍합여 장시덕 새여

궂대통 부군덕 높은여

목안할망통 높은여굽

납딱여 송곳여

춘심이아방여

도6 마라도의 갯밭 이름

마라도 사람들은 그들의 갯밭을 넷으로 나눈다. 이렇게 갯밭을 넷으로 나눈 까닭은 다름이 아닌 조류 때문이다.

동바다의 갯밭 이름

마라도 동바다는 '알살레덕'에서부터 '장시덕'까지다. 썰물 때 조류의 영향을 덜 받는 곳이다.

① 알살레덕: 마라도 동북쪽에 있는 갯밭 이름이다. 동풍이 불면 파도가 높아 배를 붙이기 어려우나 북서풍은 의지가 되는 곳이어서 배를 붙일 수 있는 갯밭이다. 부엌에서 찬거리나 그릇을 보관하는 목제품을 '살레'라고 이른다. 먼바다에서 보면 그 모습이 마치 '살레'처럼 보인다고 하여 '살레덕'이라고 한다. 이런 모양의 해변은 두 군데가 있는데 아래쪽에 있기에 '알살레덕'이라고 한다. 예로부터 '자리' 어장이 이루어질 수 있을 만큼 수심이 제법 깊다. 김창화 씨의 《가파도·마라도 연혁》의 〈마라도 경력〉에는, 1985년에 이곳에 선착장 공사를 준공하였다고 하였다. 또 그 주변에는 풍조風藻가 몰려드는 물웅덩이도 있는데, 이곳을 '살레덕통'이라고 하였다.

② 웃살레덕: '알살레덕' 남쪽에 있는 갯밭 이름이다. 이곳도 '알살레덕'처럼 생긴 갯밭으로 이루어져 있어 '살레덕'이라고 한다.

③ 살레덕여: '웃살레덕'에서 남동쪽에 있는 물속 여嶼 이름이다. 그 주변 수심이 8m 정도이다. '살레덕여'는 '웃살레덕'과 '알살

레덕' 가까운 곳에 있는 물속 여라는 말이다.

④ 성멀: '웃살레덕'과 '물러진그정' 사이에 있는 갯밭 이름이다. 이곳의 갯밭은 해발 34m의 높은 절벽으로 이루어졌다(도7). 그 아래쪽에는 돌멩이들이 수북하다. 1979년 절벽 위쪽에서 아래쪽으로 다리를 놓았다. 이곳 갯밭은 마라도에서 유일하게 물고기의 미끼인 '갈개수리'와 '물개수리'라는 갯지렁이를 잡을 수 있는 곳이다. 마라도에서 돌멩이를 들어내었을 때 모랫바닥이 드러나는 유일한 곳이다. 돌멩이들을 힘겹게 치워내야 겨우 모랫바닥이 드러난다. 애써 돌을 치웠는데도 모랫바닥이 드러나지 않으면 갯지렁이를 구하는 일은 헛일이 되고 만다. 마라도 김상원 씨[1933년생, 남]는 이곳에서 갯지렁이 잡는 이야기를 들려주었다.

도7 성멀(2017. 7. 27.)

사방 직경 1m쯤 드러나게 돌멩이를 치워야 갯지렁이를 잡을 수 있는 모랫바닥이 드러난다. 그 일은 고역이다. 그나마 모랫바닥이 드러나면 갯지렁이를 잡을 수 있지만 모랫바닥이 드러나지 않으면 갯지렁이를 잡는 일은 헛일이 되고 만다. 모랫바닥이 드러나지 않으면 갯지렁이가 나올 가능성도 거의 없다. 이 섬에서 갯지렁이 잡기는 쉽지 않다. 그래서 보말이나 빈 소라껍데기나 보말껍데기에 숨어 사는 '개들레기^{소라게}'를 잡아 갯바위 낚시 미끼로 대신하기도 한다. 그런 미끼는 갯지렁이보다는 못하였지만 어쩔 도리가 없다.

⑤ 물러진그정: '성멀'과 '장시덕' 사이에 있는 갯밭 이름이다. '물러진그정'은 '물러지다'와 '그정'으로 이루어진 말이다. '물러지다'는 '허물어지다', 그리고 '그정'은 '절벽'의 제주도 말이다. 이곳의 갯밭은 허물어진 절벽의 모습을 하고 있다.

⑥ 진코지: '성멀'과 '물러진그정' 사이에 있는 갯밭 이름이다. '진코지'는 '질다'와 '코지'로 이루어진 말이다. '질다'는 '길다^長', 그리고 코지는 '곶^串'의 제주도 말이다. 특히 썰물에는 코지가 길게 뻗어나간 듯이 보인다. 톳이 많이 나는 갯밭이다.

⑦ 물러진그정여: '성멀'과 '물러진그정' 사이, '물러진그정'에서 이어지는 물속 여 이름이다. 이곳의 수심은 9m 정도다.

⑧ 승우어멍여: '진코지' 바깥 물속 여 이름이다. 승우 어머니가 물질하면서 그곳에 가기만 하면 다른 해녀들보다 '구제기'를 너무나 많이 잡았다. 승우 어머니와 인연이 깊은 갯밭이다. 그래서 이웃 해녀들이 승우 어머니의 이름을 붙여 '승우어멍여'

라고 이름을 지었다.

⑨ 새여: '승우어멍여'에서 동남쪽에 있는 여 이름이다. '새여'는
새로 찾아낸 여라는 말이다. 그 주변 수심은 14m 정도다. 해
녀들이 찾아가기에는 쉽지 않은 갯밭이다. 새여는 해녀들이
찾아낸 여가 아니고 물고기인 '자리'를 잡는 어부들이 찾아낸
여일 가능성이 높다고 김창부 씨^{1912년생, 여}는 강조하였다. 썰물
에는 자리 어장이 이루어지는 곳이다.

장시덕의 갯밭 이름

마라도 남쪽에 쏠린 갯밭들이다. '장시덕'에서 'ᄀ대통'까지를 장
시덕의 갯밭이라고 한다. 조류의 영향이 크게 미치는 곳이다. 그
래서 조금[小潮] 때에만 해녀물질이 이루어진다.

① 장시덕: '물러진그정'과 '부군덕' 사이에 있으면서 언덕으로 이
루어진 갯밭 이름이다. 그 위쪽에 장군바위가 있다. 마라도
사람들은 이 바위를 신령스럽게 여겼다(도8). 어느 누구라도
장군바위 중간쯤에 오르면 중간 크기의 '중놀'이 불고, 꼭대기
에 오르면 큰 '대놀'이 분다고 믿었다. 지금은 장군바위에 대
한 경외심은 시들어 버렸다. 김창부 씨^{1912년생, 여}는 이러한 세
태를 두고 "귀신이 백성에게 몰리는 꼴."이라고 하였다. '장시
덕'은 장군바위 아래쪽에 있는 언덕의 이름이다. 겨울의 북서
계절풍이 부는 날 이 섬에 배를 붙이려고 선착장을 만들기도

도8 장군바위(2017. 7. 27.)

하였다. 옛날에는 이곳을 두고 '장구석'이라고 하였다. '자리^자^{리돔}' 어장이 이루어지는 곳이기도 하였다.

② 부군덕: '장시덕'과 '납딱여' 사이에 있으면서 언덕으로 이루어 진 갯밭 이름이다. 이곳 덕의 이름에 '부군'이라고 붙인 까닭 은 알 수 없다.

③ 높은여: '부군덕' 동남쪽 물속 여 이름이다. 여가 예사롭지 않 게 높직하였던 모양이다. 그래서 '높은여'이다. 김창부 씨¹⁹¹²^{년생, 여}는 지난날 '높은여'의 허리에 전복이 많이 붙어 있기로 소문이 났었다고 강조하였다.

④ 높은여굽: '높은여' 바깥에 있는 굽의 이름이다. 기량이 뛰어난 해녀들만이 잠수할 수 있는 갯밭이다. 김난자 씨^{1944년생}는 "이 일대의 모습은 방바닥처럼 편편하다. 이곳에서 조금 바깥으 로 나가면 '궁머흘'로 이루어졌다."라고 하였다. 궁머흘이란 '궁그리다'의 '궁'과 '머흘'로 이루어진 말이다. '궁그리다'는 '흔 들리다', '머흘'은 '커다란 돌멩이'를 뜻하는 제주도 말이다.

⑤ 납딱여: '부군덕'과 '목안할망통' 사이에 있는 갯밭 이름이다. 어지간한 썰물에는 그 모습이 드러난다. 훌륭한 톳 어장이기 도 하다. '납딱여'는 '납딱'과 '여'로 이루어진 말이다. '납딱하 다'는 '넙죽하다'의 제주도 말이다.

⑥ 송곳여: '납딱여' 동쪽에 있는 여 이름이다. 여의 모양이 송곳 처럼 뾰족하게 생겼기에 '송곳여'라 한다.

⑦ 춘심이아방여: '송곳여' 바깥에 있는 여 이름이다. 조류가 드센 곳이면서 여의 생김새가 험악하다. 해녀들도 함부로 찾아가

기를 꺼린다. 조금 때이면서 조수간만의 차가 느슨한 때만 골라 잠시 도전한다. 김난자 씨[1944년생]는 "조금 때 물이 완전 썰물에서 밀물로 바뀌는 순간은 조류가 어려 얌전하다. 이 순간의 조류의 모습을 두고 '줏쎄기'라고 한다. 해녀들은 그 순간만을 잘 골라 이곳에 도전한다. 1년 중에 이곳에서 작업할 수 있는 날은 며칠을 셀 수 있을 정도"라고 하였다. 김창부 씨[1912년생, 여]는 '춘심이아방여'에서 식인상어와 만났던 악연을 들려주었다.

우리가 젊었을 때는 '두물'이나 '세물' 날에 여러 해녀들이 동아리를 이루어 이곳에 도전하였다. 전복이 매우 많은 갯밭이지만 조류가 거칠었을 뿐만 아니라 식인상어가 무서웠기 때문이었다. 나도 평생 서너 차례 이곳에 도전하여 보았다. 30세 안팎에 그곳에서 여러 해녀들과 물질하다가 식인상어를 만났던 적이 있다. 이 섬에서는 식인상어를 '서우[31]'라고 하였다. 한 해녀가 잠수하여 물속으로 들어갔을 때였다. 식인상어가 망사리에 든 해산물을 먹으려고 입을 들먹이고 있는 것이었다. 한 해녀가 물 위로 나오자마자 "모여라."라고 외쳤다. 그 외침은 식인상어가 나타났음을 동료 해녀들에게 알리는 신호음이나 다름없었

31) 가파도에는 '창곰난여' 바깥에 '서우여'라는 곳이 있다. '서우'는 식인상어의 제주도 말이다. 서우가 가끔 나타나는 갯밭이라 '서우여'이다. 제주도 동쪽에 있는 우도(牛島)에도 '서우통'이라는 갯밭 이름이 있다. 이로 미루어 볼 때, 서우는 식인상어의 제주도 말임을 알 수 있다.

다. 해녀들은 재빨리 수면 위로 올라와 서로 몸을 붙였다. 그리고 손으로 물 바닥을 때렸다. 식인상어는 여러 해녀들 중에서 물어뜯을 대상을 살피는 습성이 있다. 그것도 자기의 몸집보다 작은 해녀를 넘보았다. 해녀들이 한번 모이면 식인상어는 물어뜯기를 포기하였다. 식인상어가 감히 넘보지 못할 만큼 이미 몸집이 커져버렸기 때문이었다. 그 당시 해녀들은 해녀도구도 바다에 내버린 채 몸만 서로 대열을 이루고 뭍으로 헤엄쳐 나왔다. 나중에 배를 타고 그곳으로 가 해녀도구들을 실어왔다. 마라도 근해에 식인상어가 한번 나타나면 3~4일 동안 해녀작업을 금하였다.

어부들도 여의 모습이 험악하여 그물 놓기를 꺼렸다. 춘심이 '아방아버지'은 그물 손상의 위험을 무릅쓰고 고기를 잡으려 이곳에 그물을 자주 드리웠다. 그래서 '춘심이아방여'라고 한다. 지금도 이 일대는 소문난 방어 어장이기도 하다.

⑧ 신알목: '춘심이아방여' 바깥쪽에 있는 갯밭 이름이다. 모슬포의 어선들이 이곳에서 자리 또는 방어를 잡는 어장이다. '신알목'은 마라도의 아래쪽 목이라는 의미를 갖는다.

⑨ 목안할망통: '납딱여' 서쪽에 있는 바닷물통의 이름이다. '목안'은 조선왕조 때의 제주도 행정구역 중 하나인 제주목의 안[內]이라는 말이다. 그러니 '목안할망'은 옛 제주목 안의 할머니라는 말이다. 지난날 목안 할머니가 마라도에서 물질을 하며 삶을 꾸렸던 적이 있다. 그 할머니는 이곳에 물질을 나가기만 하면 동료 해녀들보다 전복을 많이 잡았다. 그래서 동료 해녀

들이 이곳을 '목안할망통'이라고 이름을 지어주었다.

⑩ ᄀ대통: '목안할망통'과 '홍합여' 사이에 있는 갯밭 이름이다.
제주도에서는 갈대를 'ᄀ대'라고 한다. 이곳 갯밭에는 'ᄀ대'
가 자란다. 그래서 'ᄀ대통'이다.

서바다의 갯밭 이름

마라도 서바다는 'ᄀ대통'에서부터 '섬비물'까지다. 밀물 때 조류
의 영향을 거의 받지 않는 곳이다.

① 홍합여: 'ᄀ대통'과 '올한덕' 사이 갯밭에 있는 여 이름이다. 썰
물 때는 그 모습을 드러낸다. '홍합여'에는 홍합이 제법 자란
다. 마라도 사람들은 홍합을 먹을거리로 여기지 않았다. 그
럼에도 불구하고 홍합여라는 갯밭 이름을 붙여놓은 것은 다
름이 아니라, 홍합의 껍데기로 숟가락을 삼는 전통이 있었기
때문이 아닌가 한다. 그 바깥은 소문난 상어 어장이다.

② 올한덕: '홍합여'와 '신작로' 사이에 있으면서 높은 언덕으로 이
루어진 갯밭 이름이다. '올'은 '가마우지', '하다'는 '많다[多]'의
뜻을 지닌 제주도 말이다. 그러니 '올한덕'은 가마우지가 많
이 날아와 쉬어가는 언덕이라는 말이다.

③ 신작로: '올한덕'과 '뭄올리는통' 사이에 있는 갯밭 이름이다.
한자어 '신작로新作路'에서 온 말이다. 제주도 현대사에서 신작
로라는 말의 등장은 1914년이다. 조선총독부는 그 당시 마라

도 등대의 물자수송을 위한 선착장과 길을 개척하였다. 지금의 신작로라는 선착장에서 등대까지 길을 내었다. 그래서 이곳을 신작로라고 하였던 모양이다. 이곳은 그 후 1980년에 남제주군의 예산 지원으로 보수 및 확장공사를 하여 오늘에 이르고 있다.

④ 몸올리는통: '신작로'와 '남덕' 사이에 있는 갯밭 이름이다. 이곳에 '몸'이 오르는 물웅덩이가 있다. 그래서 이 일대를 '몸올리는통'이라고 한다. '몸'은 밭에 주는 거름용 바다풀의 총칭이다. 서풍이 불 때 이곳에 '몸'이 제법 올라온다. 그래서 '몸올리는통'이다.

⑤ 남덕: '몸올리는통'과 '남대문' 사이에 있으면서 언덕으로 이루어진 갯밭 이름이다. 선착장이 만들어지기 전에 파도가 없는 날 배를 겨우 붙일 수 있는 유일한 곳이었다. 원래 마라도는 상록활엽수가 울창한 섬이었다. 제주도 사람들이 마라도에 와서 나무를 베어갔던 모양이다. 그때 베어낸 나무를 제주도로 실어 나를 때 이곳에 배를 붙였다. 그래서 '남덕'이다. '남'은 '나무'의 제주도 말이다. 그리고 '덕'은 '언덕'의 의미를 갖는 말이다.

⑥ 알남덕: '남덕' 아래쪽에 있는 갯밭 이름이다. 그러니 '알남덕'은 '남덕'의 아래쪽이라는 말이다.

⑦ 남대문: '남덕'과 'ㄴ리는그정' 사이에 있으면서 해식동굴의 언덕으로 이루어진 갯밭 이름이다. 마라도의 해안은 오랜 해풍과 파도의 영향을 받아 기암절벽에 해식동海蝕洞이 발달한 곳

이 많다. 이곳에는 두 개의 대문같이 뚫린 해식동이 있다. 남대문은 그 모습이 마치 서울의 '남대문'을 닮았다고 하여 붙여진 이름이다. 뚫린 바위 사이로 바닷물이 넘나드는 모습이 이채롭다. 이곳은 '덕그물'의 어장이기도 하다(**도9**).

⑧ ᄂᆞ리는그정: '남대문'과 '자리덕' 사이에 있으면서 절벽으로 이루어진 갯밭 이름이다. 'ᄂᆞ리는'은 '내려가는', 그리고 '그정'은 '절벽'의 제주도 말이다. 이 일대 갯밭으로 내려가려면 이곳 그정을 타고 내려가야 한다. 그래서 'ᄂᆞ리는그정'이다.

⑨ 자리덕: 'ᄂᆞ리는그정'과 '물ᄂᆞ리는그정' 사이에 있으면서 높은 언덕으로 이루어진 갯밭 이름이다. '자리'는 물고기의 이름이다. 이곳은 배를 타고 나가지 않아도 갯밭에서 자리를 잡을 수 있는 곳이다. 곧 '자리덕'은 자리를 잡는 덕이라는 말이다.

도9 남대문(2017. 7. 27.)

갯밭은 병풍을 친 듯 20~30m 높이의 절벽으로 이루어졌다. 남동풍이 불 때 이곳은 안전지대이다. 그래서 남동풍에 배를 붙이려고 선착장을 마련하였다.

⑩ 물ᄂ리는그정: '자리덕'과 '치권이덕' 사이에 있으면서 높은 절벽으로 이루어진 갯밭 이름이다. '물ᄂ리는그정'은 '물이 내리는 그정'이라는 말이다. '그정'은 절벽의 의미를 지닌 제주도 말이다. 비가 오면 빗물이 그리로만 내리흘러 바다에 이른다. 그래서 '물ᄂ리는그정'이다.

⑪ 치권이덕: '물ᄂ리는그정'과 '섬비물' 사이에 있으면서 높은 언덕으로 이루어진 갯밭 이름이다. '치권이덕'은 '치권이'와 '덕'으로 이루어진 말이다. '치권이'는 인명이다. 김창부 씨[1912년생, 여]는 그 유래를 다음과 같이 기억하고 있다. "그 사람은 우리 할아버지 또래의 사람인지 모른다. 그 사람이 이곳에 낚시하러 가기만 하면 '다금바리'라는 물고기를 지게로 짐을 지어올 만큼 많이 낚았다. 그래서 이곳의 지명을 '치권이덕'이라고 하였다." 치권이덕은 인명에 따른 갯밭 이름이다.

⑫ 섬비물: '치권이덕' 북쪽이면서 '할망당' 가까운 곳에 있는 우물 이름이다. 이 우물을 이용하였던 사람을 만날 수 없을 만큼 그 수량水量은 보잘것없다. 또 이 우물의 이름을 '섬비물'이라고 한 까닭은 알 수 없다. 《증보탐라지》[일본·천리대학 소장본], 《탐라지초본》[이원조], 《원대정군지》[고병오], 그리고 《증보탐라지》[담수계]의 학사천學士泉은 바로 이 섬비물의 한자를 차용한 표기이다. 또 그 주변에는 풍조風藻가 몰려드는 물웅덩이도 있었다. 이곳

을 '섬비물통'이라고 하였다(도10).

⑬ 너른여: '치권이덕'과 '섬비물' 사이에 있으면서 그 바깥쪽 물속 여 이름이다. '너른'은 '너르다[廣]'의 제주도 말이다. 이 일대 수심은 7m 정도다.

작기끝바다의 갯밭 이름

마라도 북쪽에 쏠린 갯밭 이름들이다. 마라도 작기끝바다는 '홍합여'에서 '상통찬여'까지다. 조류의 영향이 크게 미치는 곳이라서 해녀 물질도 조금[小潮] 때에만 이루어진다.

① 홍합여: '섬비물'과 '글체어음' 사이이면서 물속 여 이름이다.

썰물에는 어느 정도 그 모습을 드러내기도 한다. 이곳에는 홍합이 제법 많다. 그래서 서바다의 '홍합여'와 구별할 때는 '작기끝홍합여'라고 한다.

② 글체어음: '홍합여'와 '고래미통' 사이에 있는 갯밭 이름이다. '글체'는 '삼태기'의 제주도 말이다. '어음'은 '에움'과 함께 글체의 테두리다. 이곳 갯밭 모습이 앞은 벌어지고 뒤쪽은 어음을 두른 듯이 넓고 움푹 파인 모습을 하고 있다. 그래서 '글체어음'이다.

③ 고래미통: '글체어음'과 '작기끝' 사이에 있는 갯밭 이름이다. 썰물에는 물웅덩이가 되는 곳이 있다. 이곳이 바로 '고래미통'이다. '고래미'는 물고기 이름이다. 지난날 고래미라는 물고기가 장마철에 밀물을 타고 와 이곳에서 놀다가 썰물에 가두어지는 경우가 많았다. 그래서 '고래미통'이다. 김창부 씨[1912년생, 여]의 가르침에 따르면, 고래미는 '다금바리' 닮은 물고기라고 한다. 밀물에 그물로 그 물목을 막았다가 썰물에 그물에 걸리면 쉽게 고래미를 잡을 수 있었다. 당시 고래미라는 물고기는 장마철 이곳에 산란하러 왔던 모양이다. 지금은 멸종되어버린 물고기이다.

④ 작기끝: '고래미통'과 '작기끝통' 사이에 있는 갯밭 이름이다. 마라도에서 가장 북쪽에 위치한 셈이다. 그 일대는 제법 '작지'로 이루어졌다. 작지는 크고 작은 돌멩이의 제주도 말이다. 그래서 '작기끝'이다. 그 작지 틈틈이 순비기나무의 열매가 난류를 타고 와 붙어 자라고 있다. 마라도 사람들은 이곳

에서 순비기나무를 캐다가 여러 가지 바구니를 만들어 쓰기도 하였다.

⑤ 작기끝통: '작기끝'에서 동남쪽 가까운 곳에 있는 물웅덩이로 이루어진 갯밭 이름이다. 이곳에 풍조가 제법 몰려들기도 한다. 풍조는 바닷가에 밀려드는 곳이 정해져 있었다. 풍조가 잘 밀려드는 곳을 'ᄆᆞᆷ통'이라고 하였다.

⑥ 성창ᄀᆞᆷ: '작기끝' 갯밭에서 물속으로 쭉 뻗어나간 여 이름이다. 여의 생김새가 그 갯밭 이름처럼 물속에 크고 작은 돌로 성창^{城滄}을 만들어놓은 듯이 보인다. 'ᄀᆞᆷ'은 경계의 의미를 지닌 제주도 말이다. 조류가 드세어 간만의 차가 느슨한 조금 중에서도 완전히 썰물이나 밀물 때에만 해녀들의 물질이 가능하다. 그 바로 바깥은 소문난 상어 어장이다.

⑦ 천지소: '성창ᄀᆞᆷ'의 서쪽 물속 일대의 이름이다. 이 일대 수심은 10m 정도다. '천지소'는 한자어 천지소^{天地沼}에서 온 말이다. 그러니 뭍의 소^沼가 아니라는 말이다.

⑧ 골새: '성창ᄀᆞᆷ'과 '밧걸' 사이의 이름이다. 이곳은 수심 8m 안팎의 '성창ᄀᆞᆷ'과 수심 13m 안팎의 '밧걸' 사이이면서, 수심이 26m 안팎으로 쑥 깊어 골짜기를 이루는 곳이다. 그래서 '골새'라고 하였던 모양이다. 이곳은 소문난 상어 어장이다.

⑨ 밧걸: '골새' 바깥에 있는 수심 13m 안팎의 여^嶼 이름이다. 마라도에서 북쪽으로 가장 바깥에 있는 여라는 말이나 다름없다. 모슬포나 가파도의 어부들이 그물을 드리우려고 가끔 도전할 뿐, 해녀들은 감히 갈 수 없는 곳이다.

⑩ 목ᄌ른여: '작기끝통'과 '상통찬여' 사이 갯밭에 있는 여 이름이다. 썰물에는 모습을 드러낸다. 썰물이 되면 걸어서 들어갈 수 있고 밀물 때에는 그 길목이 물에 잠겨 버린다. 그래서 밀물 때는 그 여로 들어가는 길목이 바닷물로 잘린다고 하여 '목ᄌ른여'이다.

⑪ 상통찬여: '목ᄌ른여'와 '알살레덕' 사이에 있는 여 이름이다. 물 때에 구애받지 않고 늘 드러나는 여이다. 그 모습이 상투를 튼 것처럼 생겼다는 데서 비롯한 이름이다.

⑫ 너븐여: '상통찬여' 바깥 물속 여 이름이다. 편편하고 드넓다는 데서 비롯한 이름이다.

조류

마라도 사람들은 조수의 증감에 따라 그 이름을 지어 놓았다. 달의 힘에 따라 조수가 변하기에 음력으로 계산한다. 조수 증감은 한 달에 15일을 주기로 2회 반복된다. 음력 1일을 '일곱물', 2일을 '여덟물', 3일을 '아홉물', 4일을 '열물', 5일을 '열한물', 6일을 '막물', 7일을 '아끈조금', 8일을 '한조금', 9일을 '부날', 10일을 '한물', 11일을 '두물', 12일을 '세물', 13일을 '네물', 14일을 '다섯물', 15일을 '여섯물'이라고 한다. 그리고 16일부터 30일까지는 1일부터 15일까지의 조수의 이름과 같다. 29일만 있는 음력 2월에는 '다섯물'과 '여섯물'을 하나로 묶어 버린다. 우리는 여기에서 조류의 속내를 잘 들여다볼 필요가 있다. 밀물과 썰물은 각각 6시간 주기로 반복된다.

밀물은 6시간 동안 이루어진다. 밀물은 성장곡선을 그린다. 썰물에서 밀물로 돌아선 2시간 동안은 초년기의 밀물이다. 그만큼 힘을 발휘하지 못한다. 이때를 '초들물' 또는 '줏쎄기'라고 한다. 줏쎄기의 '줏'은 젖[乳]이다. 그러니 이때의 조류는 젖먹이 어린애처럼 조류의 드세기가 보잘것없다는 말이다. 초들물 이후 2시간 동안은 중년기 밀물이다. 이때의 밀물은 세차게 힘을 내어 흐른다. '춤드리'라고 한다. 춤드리는 진짜 들물이라는 의미가 있는 말이다. 춤드리 이후 2시간 동안은 노년기의 밀물이다. 그리 힘차게 흐르지 못한다. 이때를 '물눅음'이라고 한다.

썰물은 6시간 동안 성장곡선을 그리며 흐른다. 밀물에서 썰물로 돌아선 2시간 동안은 초년기의 썰물이다. 그만큼 힘을 발휘하지 못한다. 이때를 '초쏠물' 또는 '줏쎄기'라고 한다. 초쏠물 이후 2시간 동안은 중년기의 밀물이다. 세차게 힘을 내어 흐른다. 이때를 '반물쎄기'라고 한다. 그 이후 2시간 동안은 노년기의 밀물이다. 그리 힘차게 흐르지 못한다. 이때를 '줏인물'이라고 이른다. 이때의 '줏'은 '액체 따위를 졸아들게 하다'라는 의미를 갖는 제주도 말인 '줏추다'의 '줏'과 의미가 통하는 말일 것이다.

이렇게 조수간만의 시각은 하루에 45분씩 늦게 이루어지면서 순환된다. 마라도에서 볼 때 밀물은 동쪽에서 서쪽으로, 그리고 썰물은 서쪽에서 동쪽으로 흐른다. 밀물에 '성멀'에 이르러 다시 남쪽의 끝점인 '납딱여', 그리고 북쪽의 끝점인 '작기끝'으로 나누어져 흐른다. 이때 마라도 서쪽 근해는 조류의 영향에서 벗어난다.

이때의 상황을 두고 '물암지'라고 한다. 물암지는 조류의 영향에서 벗어나 몸을 의지할 수 있는 곳이다. 그러니 한창 밀물이 이루어질 때 섬의 서쪽 갯밭은 해녀들이 잠수하는 데 안전지대가 된다.

썰물에는 정반대 현상이 일어난다. 그런 썰물 때 '자리덕'에 와 닿은 조류는 남북으로 갈려 흐른다. 이때 섬의 동쪽 바다는 물암지로 조류의 영향을 거의 받지 않아 안전지대가 된다.

썰물과 밀물 사이에 여러 가지 조류 모양이 일어난다. 여러 가지 조류 상황을 고려해가며 어로 활동을 펼쳐야 한다. 특히 해녀들은 네 개의 갯밭을 물때에 따라 나누어 일을 한다. 그 내용은 다음 표와 같다.

물때에 따라 갯밭 일터가 달라진다. 동바다과 서바다는 간만의 차가 심할 때 작업하는 곳이다. 조류의 영향이 그다지 크게 나타나는 곳이 아니기 때문이다. 그러나 섬의 남쪽 '장시덕'과 섬의 북쪽 '작기끝'은 간만의 차가 미미한 조금 동안에만 작업이 이루어지는 갯밭이다. 그만큼 조류의 영향이 크게 미치는 곳이다.

마라도 사람들은 이렇게 조류의 인지능력을 단단하게 키워나가면서 마라도의 삶을 이어갔다.

마라도의 네 개 갯밭

구간	방향	갯밭 이름	물때
장시덕~알살레덕	동	동바다	두물~열물
섬비물~ᄀ대통	서	서바다	두물~열물
ᄀ대통~장시덕	남	장시덕	열한물~한물
알살레덕~섬비물	북	작기끝	열한물~한물

바람

마라도는 남북으로 타원형의 섬이다. 특히 해녀들은 바람이 의지되는 곳을 찾아다니며 물질을 한다. 풍향의 반대쪽은 바람의 영향을 받지 않는 의지가 된다. 예를 들어 동풍, 곧 샛바람이 불 때는 그 반대쪽인 '남대문'에서, 그리고 서풍이 일면 동쪽 바다 한가운데인 '성멀'에서 물질을 한다.

바람에 따른 해녀작업이 가능한 바다는 그림과 같다(**도11**).

바람이 의지되는 곳에 조류 조건까지 맞아떨어지면 작업하기에 아주 좋으나 그렇지 않은 경우에는 물질을 포기해야 하는 수도 더러 있다. 마라도는 바람의 섬이다. 섬사람들의 인지의 틀 속에 들어 있는 바람의 속내를 들여다볼 수 있다.

- '양두새'라는 바람이 있다. 달리 '양ᄇᆞ름'이라고도 이른다. '양두새'는 주로 음력 8월에서부터 음력 10월 사이에 일어난다. 제주도 모슬포에서부터 마라도 북쪽까지는 하늬바람이 일지만, 마라도 남쪽은 샛바람이 일어난다. 바람이 양쪽으로 분다고 하여 양ᄇᆞ름 또는 양두새라고 하였던 모양이다. 마라도 사람들은 지금까지도 이 바람의 정체가 불가사의하다고 믿고 있다.

- 구름의 모양이 고기 비늘 모양으로 연거푸 일어나는 경우가 있다. 이런 모양의 구름을 '사스레기'라고 한다. "밤에 사스레기 구름이 일면 비가 오고, 낮에 사스레기 구름이 일면 바람

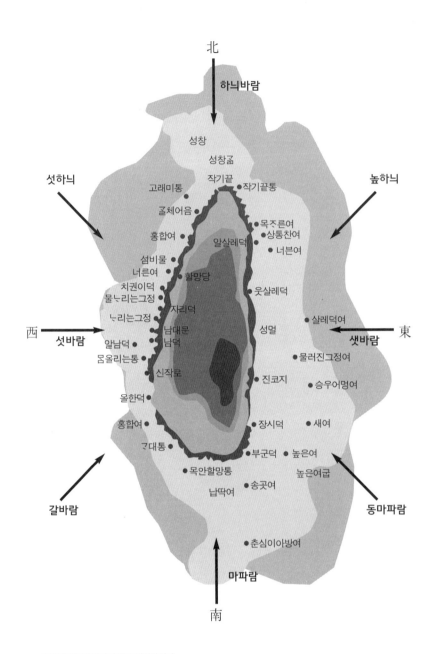

北
하늬바람

섯하늬

높하늬

성창
성창곳
작기끝
작기끝통
고래미통
골체어음
목즈른여
홍합여
상통찬여
알살레덕
너븐여
섬비물
너른여
할망당
치권이덕
물누리는그정
웃살레덕
자리덕
늬리는그정
살레덕여
남대문
성멀
西
섯바람
東
샛바람
알남덕
남덕
물러진그정여
몸올리는통
신작로
승우어멍여
올한덕
진코지
홍합여
장시덕
새여
굿대통
부군덕
높은여
목안할망통
높은여굽
납딱여
송곳여
갈바람
동마파람

마파람
춘심이아방여
南

도11 마라도의 바람에 따른 해녀작업장

이 분다."라는 말이 전승된다.

- 장마가 걷히고 나면 한동안 갈바람만 불어댄다. 마라도 사람들은 이 시기에 계속 갈바람이 불어대는 모양을 두고 "두 일뤠 열나흘 갈ᄇ름만 분다."라고 한다. 그동안에는 배의 출입이 어려워 마라도는 고립되어 버린다. 이런 지경에 이른 섬의 신세를 "물로 막혔다."라고 한다.

- 구름의 모양이 '고랑ᄃᄃ'을 이루는 경우가 있다. 이런 구름의 모양을 두고 마라도 사람들은 "구름발이 고랑졌다."라고 하였다. 검은 기운이 감도는 고랑구름이 일면 비가 올 것으로, 또 붉은 기운이 감도는 고랑구름이 일면 비를 동반한 바람이 분다고 믿었다.

- 해녀들은 수온의 차이로 일기를 가늠하였다. 바닷물은 수심의 차이에 따라 수온을 달리하는 경우가 있었다. 예를 들어 수면 쪽에는 어느 정도 수온이 높아 보이나 해저 쪽에는 수온이 뚝 떨어지는 경우도 있다. 이런 수온의 상태를 두고 "조류가 고르지 못하다."라고 하였다. 그러면 비가 올 것으로 가늠하였다.

제3장

생산기술과
민속

농경기술과 민속
목축기술과 민속
어로기술과 민속

생산기술과
민속

땅의 밭에서는 농경과 목축업, 그리고 바다의 밭에서는 남성들의 고기잡이와 바다풀과 조개류 따기가 이루어졌다. 농경은 1970년대까지, 그리고 갯밭의 생업은 지금까지도 이어지고 있다. 하지만 바다의 밭에서 이루어지는 생업도 1970년 안팎을 기점으로 크게 변모하였다. 그 이전까지는 미역과 톳 등 바다풀 따기가 중심을 이루었으나, 그 이후부터는 전복, '구제기' 등 조개류가 중심을 이루었다.

농경기술과 민속

마라도 사람들은 1년 2모작으로 밭농사를 지었다. 겨울농사로 보리를 갈았다가 이듬해 장마 전에 거두어들였다. 그 자리에 여름농사를 짓고 가을에 거두어들였다. 마라도 사람들은 마라도 북쪽에 공동목장을 마련하였다. 이곳을 '켓밭'이라고 하였다. 켓밭은 마라도의 3분의 1 정도를 차지하였다. 마라도 남쪽 3분의 2 정도의 땅에는 마을과 농경지를 배치했다. 농경지 중에는 지붕을 이는 띠를 마련하는 밭도 있었다. 마라도 사람들은 띠[茅]를 '새'라고 하였다. 새밭도 기력이 떨어지면 갈아엎어 3년 정도 농사를 짓다가 다시 새 뿌리를 묻어 키웠다. 이때 갈아엎는 도구는 외날 따비였다(도12).

여름농사

마라도 사람들은 1960년대까지 여름농사로 겉보리를 갈았다. 제주도의 북부지역에서는 상강[10월 23일경] 이후 일주일에서부터 20일 사이에, 그리고 제주도의 남부지역에서는 소설[11월 22일경] 전후에 파종하였다. 제주도의 북부지역이 남부지역에 비하여 보름 정도 일찍 파종했던 셈이다. 그러나 제주도의 남부지역이라고 하여 모두 파종시기가 빨랐던 것은 아니다.

마라도는 그 파종시기가 썩 달랐다. 마라도에서는 제주도 북부지역보다 이른 상강 전에 파종을 끝내버렸다. 마라도는 산이 없는 평탄한 외딴 섬이기에 겨울 동안 불어대는 북풍의 영향을 많이 받아 해수 피해가 컸다. 어린 새싹일수록 겨울 동안 그 피해가 클 수밖에 없었다. 일찍 파종을 끝내 땅속에 있는 보리마디에서 가지가 여기저기 뻗어나야 해수가 덮치더라도 피해를 줄일 수 있었다. 땅

도12 따비(1974. 8.)
제주도에는 쌍날 따비와 외날 따비가 전승되었는데, 마라도에는 외날 따비가 전승되었
다. (현용준 촬영)

속 보리마디에서 가지가 여럿 뻗어 나온 모양을 두고 "펄개 앉았다."라고 하였다.

마라도 사람들은 보리밭 밑거름으로 바다풀을 주는 경우가 많았다. 이런 바다풀을 '거름ᄆᆞᆷ'이라고 하였다. 마라도에는 거름ᄆᆞᆷ이 풍부하니 밭의 지력을 회복시키려고 겨울농사를 거르는 일도 없었다. 거름ᄆᆞᆷ 보리 파종법은 간단하지 않았다.

고구마 그루밭에 거름ᄆᆞᆷ으로 보리를 파종하는 경우가 많았다. 우선 쟁기로 밭을 갈았다. 세 거웃이나 네 거웃으로 하나의 두둑을 만들었다. 두둑의 폭은 45cm 정도였다. 가급적 두둑을 높게 만들었다. 고랑에 거름ᄆᆞᆷ을 깔았다. 일주일 정도 놓아두었다. 밤에는 이슬에 젖고 낮에는 햇볕을 쬐어 거름ᄆᆞᆷ이 축 늘어졌다. 150평을 기준하여 넉 되의 씨앗을 뿌렸다. 씨앗을 뿌리는 일은 주로 아낙네들의 몫이었는데, 밭갈이 다섯 '고지거웃'를 기준으로 삼아 뿌려나갔다. 씨앗이 포개지게 뿌려서는 안 되었다. 안 간 데 없이 골고루 뿌려주었다. 씨앗이 골고루 뿌려지는 것을 '포간다'고 하였고, 그렇지 못한 것을 '걸러진다'고 하였다. 씨앗을 뿌리는 일은 상당한 기량이 요구되었다.

'돗통돼지우리'에서 생산된 거름을 '돗거름'이라고 하였다. 쟁기로 밭을 갈고 나서 돗거름을 흩뿌렸다. 돗거름을 뿌리고 나서 150평을 기준하여 넉 되의 씨앗을 뿌렸다. 쟁기로 밭을 갈며 거름과 씨앗을 묻었다. 거름과 함께 씨앗을 묻으려는 밭갈이였다. 마라도에서는 복토하는 동안에 흙덩이를 바수지 않았다. 흙덩이가 바람막이 구실을 하여주었기 때문이다(도13).

도13 불림질(1966. 8.)
보리를 타작하면 알곡과 가시랭이, 쭉정이를 가르기 위해 '불림질'을 한다. 멍석 한 구석을 볼록하게 접어 경계를 지어 놓고, '좀팍'에 보리를 떠서 들고 살살 흔들며 보리를 부어 가면 가시랭이가 바람에 날려 알곡과 구별된다. (현용준 촬영)

겨울농사

보리그루를 갈아엎고 나서 겨울농사로 조, 메밀, 고구마 따위를 파종하였다. 조, 밭벼, 콩은 단작單作하였다.

① 조
마라도 사람들은 장마가 끝난 후에 조를 파종하였다. 이때 조를 파종하는 일을 '마가지'라고 하였다. 밭갈이를 하여 두었던 밭에

그대로 씨앗을 뿌리고, 다시 밭갈이한 후 마소의 발로 밟아 파종을 끝냈다. 파종 후에는 비가 문제였다. 비가 내리지 않으면 잡초는 나지 않고 조만 무럭무럭 자랄 수 있어서 좋았다.

파종 전에 보통 두 차례의 밭갈이를 하였다. 이런 밭갈이를 "보리그루 거시린다."라고 하였다. 파종 전에 두 차례쯤 밭갈이를 해 둬야 땅이 부드러워 조가 더욱 뿌리를 잘 내리고 이삭도 튼실하였다. 두벌갈이가 끝나면 발로 땅거죽을 골랐다.

150평을 기준으로 1되의 씨앗을 뿌렸다. 마라도에는 '강돌와리'와 '개발시리'라는 조 품종이 전승되었다. 소[牛]와 사람이 같이 땅거죽을 밟아 주며 복토覆土하였다.

조를 파종하고 나서 20여 일 후 밭에 맸다. 발아가 잘 된 곳도 있으나 그렇지 못한 곳도 있었다. 엄지손가락과 집게손가락을 펼친 간격인 한 조리 폭으로 조의 방을 마련해 주었다. 이 일을 '방골름'이라고 하였다. 모종이 촘촘히 난 곳의 것을 뽑아다가 듬성한 곳으로 가서 심어 주기도 하였다. 그러니 첫 밭매기의 방골름은 김매기는 물론 모종의 제자리인 방을 찾아 주는 일에 쏠렸다. 그 이후 시간이 나는 대로 자주 김을 매어주었다.

수확은 음력 9월 그믐 안팎에 이루어냈다. 그리고 '몰방애연자매'에서 탈곡하였다.

② 메밀

음력 7월 백중 안팎에 메밀을 파종하였다. 3일 후에 발아하였다. 파종할 때는 재거름이 강조되었다. 500평의 밭인 경우, 재거

름을 밭 한곳에 놓고 그 위에 대두 넉 되의 메밀씨앗을 뿌리고 손
으로 뒤섞었다. 씨앗은 150평을 기준하여 한 되 반 정도였다. 약
30cm 간격이 되게 쟁기로 골을 내었다. 아낙네는 골을 따라가며
10cm 간격으로 씨앗이 섞여 있는 재거름을 놓았다. 일정하게 메
밀씨앗이 들어가게 제 방을 찾아 주는 일이었다. 이런 일을 '방골
름'이라고 하였다. 보통 한 방에 3~4개 메밀의 낟알이 들어갔다.
그 이후에 발로 흙을 차고 당기며 씨앗을 덮어주었다. 메밀밭의
밭매기는 거의 이루어지지 않았다.

③ 고구마

마라도 사람들은 고구마를 '감저甘藷'라고 하였다. 고구마 줄기를
육묘育苗하는 밭을 두고 '모종터'라고 하였다. 모종터는 섣달부터
마련하였다. 모종터에 거름용 바다풀인 거름叾을 깔아놓고 밭을
갈아엎어 두었다가, 음력 2월 10일경에 묘상을 설치했다. 그리고
싹이 나는 대로 오줌을 추비했다. 이렇게 해서 40~60일이 되면
고구마줄기를 잘라낼 수 있게 되었다.

네 개의 거웃으로 하나의 고지를 만들고 감저줄기를 묻었다. 줄
기는 쉬 무성하게 뻗기 때문에 밭매기는 그리 신경 쓰지 않았다.

상강霜降 전에 '글갱이'로 감저甘藷를 팠다. 감저는 땅을 파서 묻
고, 그 위에 '눌가리'을 덮어 저장했다. 이 눌을 두고 '감저눌'이라고
하였다. 월동하는 동안에 수시로 꺼내 쪄 먹었다. 또한 적당히 썰
어서 좁쌀 밥을 지을 때 같이 넣어 보조식량으로도 애용하였는데,
이를 '감저밥'이라고 하였다. 감저밥을 지을 때는 차진 '흐린조차조'

가 안성맞춤이었다. '모인조^{메조}'는 차지지 못하였기에 밥과 고구마가 따로 놀아 엉기지 못하였다.

목축기술과 민속

　서기 1965년 2월에 제정한 〈마라도 향약〉의 5장은 우마장^{牛馬場}으로 이루어졌다. 마라도 사람들은 그들의 우마장을 '공동우마장^{公同牛馬場}'이라고 하였다. 공동우마장에 가입하려는 자는 마을회의에서 동의를 얻지 않으면 안 되었다. 공동우마장에 가입한 섬사람들은 울타리 수축작업^{修築作業}에 동참하였다. 마라도 사람들은 공동우마장을 '켓밭'이라고 하였다. 우마장의 방목은 소^[牛]가 대부분이었다. 켓밭은 2만 평 정도였다.

　마라도 사람들은 겨울에 소를 '쇠막^{외양간}'에 매어 길렀고, 입하^{5월 5일}부터 소설^{11월 22일}까지는 켓밭에서 풀어놓고 길렀다. 제주도는 보통 청명^{4월 5일}부터 소설^{11월 22일}까지였다. 그러니 마라도가 제주도보다 남쪽에 있지만 방목 시기는 제주도보다 1개월 늦었던 셈이다.

　마라도 사람들은 '켓밭' 안에 소들의 급수장을 마련하였다. 이를 '쇠물통'이라고 하였다(**도14**). 그리고 방목하기 전에는 '켓밭'에 방화가 이루어지기도 하였다. 방화의 목적은 진드기 제거와 양질의 잡초 확보였다.

　마라도 사람들은 둥근 모양의 진드기를 '부구리', 납작한 모양의

도14 쇠물통(2017. 7. 27.)

진드기를 '진독'이라고 하였다. 그리고 발이 달린 진드기를 '섬역'
이라고 하였다.

진드기는 겨울에 돌멩이 아래 숨어 월동하다가 초봄 따뜻한 날
에 돌멩이 바깥으로 나왔다. 마파람은 난풍暖風이다. 마파람이 부
는 날 진드기는 돌멩이 아래서 바깥으로 슬금슬금 기어 나왔다.
그런 날에 켓밭에 불을 붙였다. 이를 '방화放火'라고 하였다.

이기욱은 1980년과 1981년 겨울방학을 이용하여 마라도에 40
일간 거주하며 문화인류학적 조사를 이루어냈다. 그 결과가 〈도
서와 도서민: 마라도〉《제주도연구》1집, 1984이다. 마라도의 목축업은 다
음과 같다고 하였다.

원주민 20가구 중 16가구가 소를 사육하면서 이 초지를 이용하고 있다. 마을에서 사육되는 소는 26마리이며 이 중에는 낙도지구 어민소득 향상을 위한 시도로 대정읍의 수협지소에서 대여한 5마리의 소도 포함되어 있다. [32]

1980년 안팎까지만 하더라도 마라도에는 26마리의 소가 있었다.

어로기술과 민속

마라도의 배는 0.5톤 크기였다. 어부들은 자그마한 배에 타서 물고기를 잡고, 해녀들은 1종 공동어장에서 물질하며 해산물을 잡았다. 망망대해에 떠 있는 섬이면서도 마라도 사람들은 먼바다로 나가지 못하였다. 마라도는 갯밭으로 나가는 길목인 포구가 없었기 때문이다. 그러니 바다에 타고 갔던 배는 조금만 파도가 일어도 뭍으로 끌어올렸다(도15). 마라도에는 천연 포구를 둘 만한 곳이 없으니 먼바다로 나가는 것을 아예 포기하였다. 갯밭 가까운 곳에서 고기잡이가 이루어졌을 뿐이었다. 남자들의 고기잡이와 해녀들의 물질을 해산물을 중심으로 살펴보고자 한다.

---

32) 李起旭(1984), 〈島嶼와 島嶼民: 馬羅島〉, 《濟州島研究》 1輯, 199쪽.

도15 풍선

마라도의 풍선은 10자 정도로 작았다. 큰 배를 들여놓아 둘 포구 조건이 열악하였기 때문이었다. 어로작업을 끝낸 풍선은 뭍으로 올려두었다. 풍선을 올려두는 육상 포구는 여기저기 있었다. (김영갑의 《마라도》에서)

《한국수산지^{韓國水産誌}》3권에서 마라도^{麻羅島} 수산업은 다음과 같다고 하였다.

> 가파도에서 남방 약 3리에 있다. 섬의 주위는 1리이다. 평저^{平底}한 자그마한 섬이다. 선박^{船舶}을 붙일만한 항만^{港灣}과 음료수^{飲料水}가 없다. 이 섬의 근해에는 상어[33]가 많아 그물로 어획^{漁獲}한다. 기타 '가다리[34]', 전복, 미역이 생산된다.[35]

---

33) 《韓國水産誌》는 이를 小鱶이라고 하였다.

34) 《韓國水産誌》는 이를 鰆이라고 하였다.

35) 朝鮮總督府農商工部(1910), 《韓國水産誌》(3卷), 460~461쪽.

《한국수산지》에 따르면 마라도 남자들은 상어와 '가다리'를 잡고, 해녀들은 전복과 미역을 땄다는 것이다. 가다리는 어떤 물고기일까. 일본 천리대학 소장본의 《증보탐라지》토산에는 방어方魚라는 물고기가 있는데, 그 협주夾註는 다음과 같다.

속칭 백여기白如其, 혹은 가달리加達里라고도 한다. [36]

1995년에 제주도 사계리안덕면에 거주하고 있는 고술생 씨1912년생, 남에게 제주도 물고기의 가르침을 받았는데, 그 내용은 다음과 같다.

이를 '가다리'라고 한다. 가다리도 두 가지가 있다. '널저립'과 'ᄇ 디저립'이다. 가다리는 음력 8월에서 10월 사이 형제섬 근처에 들어왔다. 이곳에는 '가다리밭'이라는 갯밭도 있다. 배를 세우고 낚시로 낚았는데, 미끼는 자리였다(도16).

《어류도감》의 점다랭이에 대한 고 씨의 가르침은 다음과 같았다.

제주도 사람들은 점다랭이를 '배애기'라고 한다. 어린 것을 '도동배애기'라고 한다. 이 마을 사람들은 가을에 배애기를 잡으려고 자리를 잡는 사둘그물을 준비하고 형제섬으로 갔다. 배애기는 묵은 그물은 뚫고

---

36) 俗稱白如其 或加達里.

도16 자리 미끼(1996. 12. 11.) 자리 미끼로 방어도 낚는다.

내빼는 수가 있으니 새 그물을 갖추었다. 그물을 드리우고 배의 물간에 살려 둔 자리를 그물 안으로 뿌려주었다. 배애기는 그물 안에 있는 자리를 먹으려고 그물 안으로 들어오는 수가 있었다. 그것을 떠 잡았다.

《증보탐라지》^{토산}의 방어 중, '가달리^{加達里}'는 재방어, 그리고 '백여기^{白如其}'는 점다랭이인 셈이다. 마라도 사람들은 주로 가다리를 낚았다.

해녀 기량 키우기

마라도의 소녀들은 자라면서 자연스럽게 잠수의 기량을 단단하게 키웠다. 해녀는 기량의 차이에 따라 상군^{上軍}, 중군^{中軍}, 하군^{下軍}

세 단계로 구분하였다. 어린 소녀들의 물질 익히기는 미역 따기에
서부터 시작되었다. 그 나이는 보통 10세에서부터 15세 사이였
다. 김창부 씨^{1912년생, 여}는 아홉 살이 되는 해에 맨 처음 미역을 땄
다. 미역은 금채기가 있게 마련이나 물질을 익히는 어린 소녀들에
게만은 예외였다. 그해에 물질을 익힐 여러 소녀들과 어머니들이
약속이나 한 듯 바닷가로 갔다. 여럿이 함께 익히는 것은 그때부
터 경쟁심을 유발하려는 생각에서였다. 마라도 사람들은 어린 딸
에게 '쿨락'³⁷⁾을 비롯한 여러 가지 도구들을 차려 주었다. 소녀들
의 물질 익히기가 이루어지는 동안에는 거의 어머니들이 따라나
섰다. 추위에 떠는 어린 딸들에게 불을 지펴 주어야 했기 때문이
다. 어린 딸들은 '쿨락'을 짚고, 미역을 베어 내는 낫인 '정게호미'

도17 정게호미
땅의 풀을 베는 낫을 '비호미(또는 돌호미)', 바
다의 풀을 베는 것을 '중게호미(또는 정게호미·
물호미)'라고 한다. '비호미'와 '중게호미'는 자
루에 날을 박는 법이 다르다. 앞의 것은 쇠붙이
를 자루 속에 박고, 뒤의 것은 자루 옆에 박고
철사로 묶는다. 이건(李健)의 《제주풍토록(濟
州風土錄)》에서, 제주도의 해녀들이 "낫을 들
고 물속으로 들어가 미역을 따낸다(持鎌浮海
倒入海底 採藿曳出)."라고 했는데, 이때의 낫도
'중게호미'가 아니었을까 생각된다(200g).
[제주대학교박물관]

<hr />

37) 마라도에서는 '테왁'을 '쿨락'이라고 한다.

를 잡고 잠수하였다. 미역 꼭대기의 잎사귀만 베어내 물 위로 나오는 숨이 짧은 소녀가 있는가 하면, 제법 미역귀까지 베어내 올리는 숨이 길고 욕심을 부리는 소녀들도 있었다. 그 정도의 차이에 따라 한평생 해녀의 기량을 점치는 경우가 많았다(도17).

기량을 익힌 해녀는, 하군에서 출발해 상군이 되었다가 다시 하군으로 회귀되는 과정을 거쳤다. 물론 중군의 절정이 되었다가 미처 상군도 되어 보지 못하고 하군으로 회귀해 버리는 경우가 없는 것은 아니었다. 김창부 씨^{1912년생, 여}는 맨 처음 미역 따기에서 미역의 귀를 잘라내었고, 또 상군까지 상승하였다.

해녀 도구

김창부 씨^{1912년생, 여}는 한 장의 사진 속에서 마라도에 전승되었던 해녀 도구를 가르쳐주었다(도18).

① 눈: 수중안경이다. 물안경의 이름이다.
② 물수건: 해녀들이 물속에서 일할 때 쓰는 수건이다.
③ 쿨락: 부표(浮漂)의 이름이다. 박으로 만들었다. 마라도는 바람을 타는 곳이었기에 박이 잘 자라지 못했다. 제주도에서 수입하여 부표를 만들었다.
④ 관지: '테왁'에 얽어 묶은 줄의 이름이다. 위쪽의 것을 '웃관지', 그리고 아래쪽의 것을 '알관지'라고 하였다. 보통 머리털로 꼬아 만들었다.
⑤ 목노: '쿨락'을 '에움'에 바싹 동여맨 줄의 이름이다.
⑥ 아덜노: '테왁'을 '에움'에 느슨하게 묶은 줄이다. '목노'가 어미의 노끈이라면, '아덜노'는 아들의 노끈이라는 말이다.
⑦ 에움: 그물주머니인 '망사리'의 테두리 이름이다. 제주도에서 다래의 줄을 사다 만들었다.
⑧ 망사리: 그물주머니다. 채취대상물에 따라 망사리의 크기는 물론 그물코의 길이가 달랐다. 나일론그물이 흔해지면서 전통적인 망사리는 자취를 감추었다.

❶
❷
❻
❼
❸
❹
❺
❽

도18 해녀 도구 (홍정표 사진)

마라도 사람들은 물안경을 '눈'이라고 하였다.

마라도 사람들은 부표浮標를 '클락'이라고 하였다. 클락은 박으로 만들었다. 마라도는 바람을 타는 곳이었기에 박이 잘 자라지 못하였다. 제주도에서 박을 수입하는 경우가 많았다.

마라도 사람들은 클락에 얽어 묶은 줄을 '관지'라고 하였다. 위쪽의 것을 '웃관지', 그리고 아래쪽의 것을 '알관지'라고 하였다. 관지는 보통 머리털로 꼬아 만들었다.

마라도 사람들은 '클락'을 '에움'에 바싹 동여맨 줄을 '목노'라고 하였다. 느슨하게 묶은 줄을 '아덜노'라고 하였다.

마라도 사람들은 그물주머니인 '망사리'의 테두리를 '에움'이라고 하였다. 제주도에서 다래의 줄을 사다 만들었다.

마라도 사람들은 클락에 붙은 그물주머니를 '망사리'라고 하였다. 채취대상물에 따라 망사리의 크기는 물론 그물코의 길이가 달랐다. 나일론그물이 흔해지면서 전통적인 망사리는 자취를 감추었다.

'바르찰리'라는 그물주머니가 따로 있었다. '바르찰리'는 '바르'와 '찰리'로 이루어진 말이다. 바르는 '오분자기', 그리고 찰리는 '자루柄'라는 말이다. 마라도 사람들은 '오분자기떡조개'를 '바르'라고 하였다. 망사리에 담을 수 없는 바르와 '물구럭문어'을 이것에 담았다.

해산물의 종류에 따라 마라도의 어로기술과 민속을 들여다보고자 한다. 크게 바다풀, 조개, 그리고 물고기로 나눌 수 있다. 극피동물인 성게와 해삼은 조개류에 포함시켰다.

올림이

마라도 사람들은 파도를 타고 갯밭으로 떠밀려온 여러 가지 바다풀을 '올림이'라고 했다. 이를 채취하여 밭농사에 거름으로, 또는 올림이 중 '감태'는 말려서 땔감으로 이용하였다. 1970년대 초까지만 하더라도 마라도 사람들은 제법 농사를 지었는데, 섬에서 농사를 짓는 일이 시들어가면서 올림이를 채취하는 일도 자취를 감추어나갔다. 마라도 라양옥 씨^{1943년생, 남}에게 올림이에 대한 가르침을 받았다.

마라도 사람들은 올림이 어장을 'ᄆᆞᆷ통'이라고 하였다. 마라도에 ᄆᆞᆷ통은 7곳이 있었는데 서쪽에만 쏠려 있었다. 동쪽은 거의 절벽으로 이루어진 갯밭이라서 올림이가 붙지 못한다. 마라도 사람들의 ᄆᆞᆷ통을 남쪽에서부터 북쪽까지 하나하나 들여다보기로 하자.

① 갈대통: 갈대가 자라는 물통이다. 그래서 갈대통이다.
② 올한덕통: '올'은 '가마우지', '하다'는 '많다^多'의 뜻을 지닌 제주어다. 그러니 '올한덕'은 가마우지가 많이 날아와 앉는 언덕이라는 말이다.
③ 신작로: 마라도 서남쪽에 있는 갯밭 이름이다. 그 북쪽에 물웅덩이가 있다.
④ ᄆᆞᆷ올리는통: 거름ᄆᆞᆷ이 오르는 물통이다.
⑤ 남덕: 파도가 없는 날에만 배를 붙일 수 있는 갯밭의 이름이다.
⑥ 섬비물: '할망당' 가까운 곳에 있는 갯밭 이름이다.

⑦ 고래미통: 지난날 '고래미'라는 물고기가 장마철에 밀물을 타고 와 이곳에서 놀다가 썰물에 가두어지는 일이 많았던 물통이다.

마라도 사람들은 해마다 섣달에 향회鄕會를 열었다. 이날 가호마다 뭄통을 배정하는 제비뽑기가 이루어졌다. 종잇장에 뭄통의 이름을 적었다. 가호마다 종잇장 한 장을 차지하였다. 하나의 뭄통에 3가호 정도를 배정했다. 마라도의 가호마다 해당된 뭄통에서 1년 동안 올림이를 채취하고 나누었다.

가시리와 미역새

마라도의 갯밭에는 유용한 바다풀이 많았다. '가시리'는 조간대 상층, '미역새'는 중층에서 자랐다. 가시리는 음력 2월 안팎에 맨손으로 매었다. 가시리는 된장국을 끓여 먹는 경우가 많았다. 그리고 가시리를 말려두었다가 방이나 벽을 도배할 때 풀로 이용했다. 이때의 풀을 '가시리풀'이라고 하였다. 가시리풀로 도배하면 벽지에 좀이 쏠지 않았다. 미역새[38]는 동짓달에서부터 음력 2월까지 맨손으로 자유롭게 땄다. 마라도 사람들은 미역새 날것이나 말린 것으로 국을 끓여 먹는 경우가 많았다. 이때의 국을 '미역새국'이라고 하였다.

---

38) 학명은 *Endarachne binghamiae*이다.

마라도 돌김은 유난히 길었다. **39)** 마라도 사람들은 돌김을 뜯어 말려 생계에 보태었다. 1965년 2월에 제정한 〈마라도 향약〉을 보면, 돌김은 양력 12월 하순에 마을회의에서 결의하여 허채許採한 다고도 하였다.

지금[1994년]은 몇 사람이 따고 있을 뿐이다. 돌김은 맨손, 또는 전복껍데기로 긁어 땄다. '쇠솔(도19)'로 긁어 따기도 하였다(도20). 따낸 돌김은 단물에 씻고 나서 칼로 잘게 난도질하고 단물에 담갔

도19 쇠솔
돌김을 긁어내는 솔이다(200g).

---

39) 제주도의 돌김은 마라도의 것처럼 길지 않다. 돌김이라 하지 않고 '늣' 또는 '돌늣'이라고 하였다. 채취법도 마라도에서와 조금 달랐다. 짧고 미끄러운 것이라 재거름을 가지고 가서 살살 뿌려 가며 손으로 매고 나서 씻어 널어 말렸을 뿐이다.

도20 돌김 따기
겨울에 한 아낙네가 '쇠솔'로 갯밭에 붙은 돌김을 긁어내고 있다. (김영갑의 《마라도》에서)

도21 발장에 돌김 붙이기
한 아낙네가 돌김을 발장에 붙이고 있다. (김영갑의 《마라도》에서)

다가 '새띠'로 엮어 만든 발장에 펴 널어 말렸다(도21). 정성스럽게 말린 돌김은 제주도로 나와서 팔기도 하였고, 또 마라도 돌김 맛을 아는 육지 사람들로부터 주문받아 넘기는 경우도 있었다.

톳

마라도 사람들은 '할머니바다'와 '젊은이바다'로 나누어 톳을 채취하였다. 마라도의 톳 총생산량은 5만 7,100kg이었다[1994년 기준]. 1965년 2월에 제정한 〈마라도 향약〉에서는, 돌김과 함께 매년 양력 11월 30일에 톳을 허채한다고 하였지만, 보통 섣달그믐 물때에 채취하는 경우가 많았다.

톳은 마라도의 갯밭 조간대 중층에서 자란다. 갯밭의 지형은 남과 북이 썩 달랐기에 잠정적으로 그 갯밭을 둘로 나눈다. '섬비물'에서부터 '알살레덕'까지 작기끝 갯밭은 가파른 절벽이 없이 완만하여 톳 채취가 비교적 손쉬운 곳이다. 동바다, 서바다, 그리고 장시덕바다는 벼랑으로 이루어지는 등 가파르고 험악하니, 톳 채취가 어려웠다.

어촌계원이 아니면 톳 채취권이 주어지지 않았다. 마라도에는 11명의 어촌계원이 있다. 어촌계원들은 톳밭에서 자라는 톳과 걸바다밭의 전복과 '구제기' 등 어패류 채취권을 갖지만 어촌계원이 아닌 사람에게는 그 권한이 주어지지 않았다. 그럼에도 섬의 어촌계원들은 세 노인에게 안전지대인 북쪽의 톳밭을 주고, 자신들은 낭떠러지로 이루어진 험한 톳밭에서 톳을 따고 있었다.

세 노인들이 톳을 채취하는 바다를 마라도 사람들은 '할머니바다'라 한다. 그 이외의 톳밭은 '어촌계원바다'이자 '젊은이바다'이다. 안전지대인 할머니바다 톳밭에는 세 할머니^{1919년생, 1921년생, 1912년생}와 한 할아버지^{1921년생}까지 네 노인이 톳을 따고 있었다. 네 노인은 어촌계원이 아니기에 어업법상 해산물을 채취할 자격이 없다. 그럼에도 불구하고 이처럼 할머니바다에서 채취가 가능한 것은 마라도 어촌계원들이 섬에 사는 노인들에게 어느 정도의 경제활동이 가능하도록 배려했기 때문이다. 이는 활동이 가능한 동안 노인들이 독립해 경제를 따로 하는 제주도 가족제도와도 연관이 있는 관습이라고 할 것이다. 세 할머니가 베어 놓은 톳을 할아버지 혼자 뭍으로 지어 나른다. 채취한 것을 도와 뭍으로 운반하는 이를 '풍중'이라 한다. 풍중도 할머니들과 똑같이 나눠 갖는다. 1994년 봄의 경우, 한 사람이 83만 원씩 나누었다고 한다. 그리고 11명의 어촌계원들은 할머니바다보다 험한 조간대층에서 톳을 채취했다.

미역

마라도 미역 따기는 제주도보다 조금 늦은 음력 3월 보름부터 5월 장마까지 이루어졌다. 주로 해녀들이 잠수하여 따냈다. 1965년 2월에 제정한 〈마라도 향약〉 중 미역에 관한 내용을 들여다보았다. 매년 동지^{12월 22일경}부터 허채^{許採}할 때까지 미역 금채기간을 정하였다. 그동안 미역 감시가 이루어졌다. 마라도 총무는 일정한 보수를 받고 미역 채취를 감시하였다. 감시의 성적이 불량할 때는 향회의 결의에 의하여 그 보수를 삭감했다.

미역의 채취 자격은 엄격하였다. 마라도에 1년 이상 거주한 자에게만 미역 채취권이 주어졌다. 첫 번째로 미역 입어권을 얻은 자는 첫해의 미역 수확물 중 100근의 미역을 마을에 헌납하였다. 또 마라도의 주민으로서 부역에 충실하지 않은 자는 미역의 채취권을 박탈했다. 그리고 마라도 사람이 다른 지역으로 전출하였을 때는 미역 입어권이 저절로 소멸되었다.

음력 3월 15일 이후에 미역을 허채하기로 정하였다. 또 형편에 따라 허채 일정을 변경하는 경우도 있었다. 미역을 딸 즈음에 마라도에 대사大事가 일어나면 허채 일정을 연기했다. 잠수하여 미역을 따낼 기량이 없는 섬사람들에게도 미역의 채취권이 주어졌다. 이들을 '무채취 능력자'라고 하였다. 무채취 능력자는 잠수능력이 없는 이들이 대부분이었다. 그들은 '글체어음'에서부터 '장시덕'까지 조간대에서만 미역을 딸 수 있었다. 이들은 이곳에서 공동으로 미역을 따고 나서 서로 분배하였다.

마라도 행정수반行政首班의 보수도 미역 채취권으로 이루어졌다. 1981년까지 마라도는 가파리의 1개 반班에 속해 있었다. 마라도의 반장은 섬 안의 모든 행정의 책임자이었기에 행정적인 일을 보려고 이웃 가파도에서부터 제주도까지 왕래하는 경우가 있었다. 마라도 사람들은 그 대가로 미역 채취구역의 일부를 반장에게 잘라 주었다. 그 구역은 '목즈른여'에서부터 '알살레덕'까지였다. 이곳의 미역밭을 '반장통' 또는 '반상바낭'이라고 하였다.

마라도에서 미역이 한창일 때는 마라도의 바다를 넷으로 나누었다. 해녀들이 잠수하며 한 구역씩 미역을 땄다. 마라도 사람들은 미역을 따는 일을 'ᄌᆞ품'이라고 하였다. 이는 'ᄌᆞ물다'에서 온 말이다. 'ᄌᆞ물다'는 '잠수하다'의 제주도 말이다. 해녀들이 잠수하여 미역을 '정게호미'로 베어내는 대로 망사리에 담아나갔다. 이렇게 따낸 미역은 개인 소유의 몫이었다.

몸

마라도 사람들은 거름용 바다풀을 '몸'이라고 하였다. 마라도에는 '쉬몸'과 '지름몸'이 많았다. 몸의 채취는 음력 2월에 이루어졌다. 해녀들이 부표나 망사리 없이 '정게호미'만 들고 잠수하여 몸을 베어냈다. 몸에는 공기주머니인 기포가 붙어 있으니 저절로 물 위에 둥둥 떴다. 남정네는 대나무 갈퀴로 물 위에 떠 있는 몸을 건져 올렸다. 이를 말려두었다가 보리를 파종할 때 밑거름으로 주었다. 더러 몸을 '돗통^{돼지우리}'에 담았다. '돗통'에 담긴 몸은 썩어가는 동안 열을 발산했다. 그 열은 돼지의 체온은 물론, '돗거름'의 기운을 높여주었다.

먹는몸

마라도 사람들은 식용 바다풀을 '먹는몸^{모자반}'이라고 하였다. 마라도에서 먹는몸은 '남대문' 가까운 물속에서만 자랐다. 음력 2월

이 넘어서면 먹을 수 없을 만큼 세어버렸다. 그러니 섣달에 해녀들이 잠수하여 정게호미로 자유롭게 먹는뭄을 땄다. 특히 결혼식이 있는 집에서는 돼지를 삶아낸 국물에 먹는뭄을 넣어 국을 끓였다. 이런 국을 '뭄국'이라고 하였다. 뭄국이 없으면 잔치를 벌이지 못할 것으로 여겼을 만큼 먹는뭄을 소중하게 여겼다.

우미

마라도 사람들은 우뭇가사리를 '우미'라고 하였다. 마라도에는 금채禁採와 허채許採가 이루어질 만큼 우미가 많지 않았다. 음력 4월 안팎에 해녀들이 자유롭게 잠수하여 맨손으로 우미를 땄다. 마라도 사람들은 우미를 말리고 발하여 두었다가 여름에 묵을 만들어 먹었다. 또 우미는 약재로도 이용하였다. 어린이들이 화상을 입은 데 발한 우미를 덮고 묶어두면 화기火氣가 빠졌다. 또 화병 걸린 사람이 겨울에 우미로 묵을 만들어 먹으면 화가 처진다고 믿었다.

감태

마라도에는 '감태'가 바다 숲을 이루었다(도22). 식민지시대에 감태는 환금가치가 매우 높은 바다풀이었다. 《한국수산지》는 제주도의 감태를 다음과 같이 강조하였다.

도22 감태
지금도 제주도의 바닷속에는 감태가 무성하게 자라고 있는 곳이 있다. (조성익 촬영)

감태는 제주도 모든 연안에서 나오지만, 동쪽 연안에 가장 많이 나온다. 특히 감태의 산액^{産額}이 높은 곳은 우도이고, 그 품질이 뛰어나기는 가파도이다. 종래 제주도민들은 이것을 채취하지 않았다. 일본인이 구입하게 되니 이것을 채취하기에 이르렀다. 성산포에 한국물산회사가 설립되어, 옥도제조업^{沃度製造業}이 시작되었다. 그 당시 목사^{牧使}에게 의뢰하여 훈령^{訓令}을 내려 감태 채취를 장려한 결과 그 채취가 크게 이루어졌다.

감태 품질은 가파도는 물론 마라도의 것이 으뜸이었다. 1905년 제주도의 성산포에 감태 공장이 들어섰다. 일본인들은 폭탄과 옥도^{沃度}의 재료를 제주도에서 마련하려고 감태공장을 제주도의 성산포에 지었던 것이다. 감태에는 폭탄 재료인 칼륨이 들어 있었다. 1916년에 발표된 〈해조생산조사海藻生産調査〉에서 '감태' 채취는 더욱 구체적이다.

> 마을마다 감태의 허채기가 정해져 있었다. 봄에 점차 수온이 올라갈 때까지 감태 채취를 기다렸다. 감태 채취는 5월 말이나 6월부터 시작하여 11월까지 이루어졌다.
>
> 제주도 연안의 어업권은 해당 마을 사람들의 것이다. 마을 해녀들은 바다로 헤엄쳐나가 감태를 채취하였다. 해녀들은 3.6m에서부터 9m까지 잠수하여 감태를 따냈다. 품질이 뛰어난 감태를 따내려고 10.8~12.6m 깊이까지 잠수하는 일도 있다고 한다. 감태를 채취하는 1척의 '터우'에 남자 1명, 해녀 2~3명이 이루어냈다. 남자는 배를 컨트롤하였고, 해녀들은 '망사리'가 달린 '테왁'을 짚고 나가서 '눈水鏡'을 쓰고 잠수하여 '정게호미'로 감태를 베어냈다. 그것을 터우에 실어나갔다. 배 가득 채우면 뭍으로 운반하고 말렸다. 터우는 물론 배를 사용하는 수도 있었다. 1개월에 한 해녀의 채취량은 약 100관貫 안팎이었다
>
> - 小金丸汎愛(1916), 136쪽.

그러나 마라도의 감태 채취는 이와 조금 달랐다. 마라도는 터우가 없던 섬이었다. 자그마한 어선에 어부와 해녀 각각 한 사람씩 동승하여 바다로 나가 감태를 땄다. 무거운 봉돌에 줄을 묶었다. 그리고 해녀의 허리에는 줄을 묶었다. 봉돌에서부터 1.5m 위쪽의 줄에 해녀의 허리에 묶은 줄을 다시 묶었다. 해녀는 손에 정게호미를 들고 있었을 뿐이었다. 어부는 봉돌을 물속으로 드리웠다.

해녀도 봉돌과 함께 물속으로 잠수하였다. 해녀는 물속에서 정게호미로 감태를 베어내고 부둥켜안았다. 어부는 배 위에서 그 줄을 잡아당겼다. 해녀는 감태를 부둥켜안고 수면으로 올라와 배 위에 실어나갔다.[40)

감태를 너럭바위에 널어 말렸다. 말린 것을 수북하게 무덤의 봉분처럼 쌓아놓고 불에 태워 재[灰]를 만들었다. 감태를 태우다 보면 구멍이 났다. 그 구멍에 말린 감태를 우겨넣어가며 태워나갔다. 감태의 재는 서로 엉겨 붙으며 크게 덩어리졌다.

감태 연기는 쏘이면 어린 조의 잎이 흠집이 날 정도로 독한 것이었다. 이런 조의 모양을 두고 "조에 지미지었다."라고 하였다. '지미'는 기미[幾微]의 제주도 말이다. 그래서 감태를 태우는 사람과 밭 임자 사이에 다툼이 벌어지는 수도 있었다. 때문에 감태의 연기가 밭으로 가지 못하게 바람의 방향을 가늠하여 감태를 태웠다.

───

40) 이와 같은 감태 채취는 일본 보소(房總)에 출가하여 감태를 캤던 제주도 해녀들의 기술과 비슷하여 주목할 만하다. 金榮·梁澄子 저(정광중·좌혜경 역) 《바다를 건넌 조선의 해녀들》(2004, 도서출판 각, 73쪽)에 나온 감태 채취기술은 다음과 같다.
"김 씨 부부의 경우 아내는 잠수로 남편은 선장으로 징용되었다. 감태를 캐는 일은 배 한 척에 선장과 잠수가 한 명씩 짝이 되어 진행되기 때문이었다. 잠수는 허리에 끈을 묶어서 추를 갖고 단숨에 바다 밑으로 잠수를 하여 숨이 찰 때까지 감태를 캔다. 길이 1~2m 정도 되는 감태를 양손 가득 캐면 무거워서 혼자서는 배 위로 올라갈 수 없다. 그래서 허리에 묶은 끈을 잡아당겨서 선장에게 신호를 보내면 선장이 끈을 끌어 올려준다."

중상中商이 마라도로 와 감태의 재灰를 사고 성산포 감태공장으로 실어갔다.

마라도 사람들은 감태를 말려두었다가 땔감으로 쓰는 경우도 없지 않았다.

빗

마라도 사람들은 전복을 '빗'이라고 하였다. 마라도에는 세 가지의 빗이 있었다. 암놈의 빗을 '암핏', 수놈의 빗을 '숫핏', 그리고 중성의 빗을 '마드레'라고 하였다. 또 어린 빗을 '생피'라고 하였다. 빗을 캐어내는 창을 두고 '빗창'이라고 함도 바로 이 때문이다. 그러니 빗창은 빗을 따내는 창이라는 말이다. 빗은 해녀들이 빗창을 들고 잠수하여 따냈다(도23).

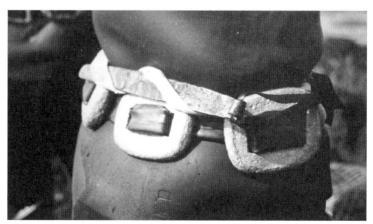

도23 빗창(1994. 11. 11.)
마라도 어느 해녀가 빗창을 허리에 차고 물속으로 들어갈 준비를 하고 있다.

'숫핏'보다 '암핏' 따내기가 어려웠다. 그래서 고집이 센 아낙네를 두고 암핏에 비유하는 경우도 있었다. 이럴 때 "암핏 ᄀ찌 ᄌ그뭇ᄒ다."라고 하였다. 그만큼 '암핏'을 따내기가 비교적 어려웠다는 말이다.

빗은 낮에는 바위그늘에 숨어 있다가 어둠이 짙어 가면 바깥으로 나와 먹이를 찾아다녔다. 이렇게 바위그늘이나 커다란 돌멩이 아래 붙어 있는 모양의 전복을 '엉핏'이라고 하였다. 빗의 먹이는 미역, 감태 등의 바다풀이었다. 빗은 이런 먹이를 찾아 밤에 기어 다녔다. 낮에는 바위에 붙어 있다가 밤에만 기어 다니는 것이 빗의 일상日常이었다. 그런데 한낮임에도 불구하고 기어 다니는 전복을 두고 '솟임빗'이라고 하였다. 마라도에는 "ᄀ실 들어가민 빗이 웃터레 솟아가을 들어가면 전복이 위로 솟는다."라는 말이 전승되었다. 그즈음의 빗을 '솟임빗'이라고 하였다.

구제기

마라도 사람들은 소라를 '구제기'라고 하였다. 구제기의 산란기는 음력 7월이다. 구제기가 산란한 모양을 구제기 '튼물'이라고 한다. 구제기의 튼물은 보리쌀을 씻어낸 물과 비슷하다. 구제기의 튼물이 돌에 붙으면 살아남고, 그렇지 못한 것은 고기밥이 되었다. 그리고 음력 7월에 태풍이 크게 불면 갓 산란한 구제기 새끼들이 돌에 붙어 있기가 어려웠다. 그러면 "올해는 태풍이 불언 구제기 씨 어시켜없겠네."라고 하며 아쉬워하였다.

구제기도 자라면서 성장곡선을 그렸다. 어린 구제기를 '조쿠제기'라고 하였다. 조쿠제기는 '좁쌀처럼 자그마한 구제기'라는 말에서 비롯하였다. 힘이 왕성한 중년의 구제기를 '쌀구제기'라고 하였다. 구제기의 껍데기에 붙은 살이 왕성한 구제기라는 말에서 비롯하였다. 노년의 구제기를 '문둥구제기'라고 하였다. 껍데기에 붙었던 왕성한 살이 문드러져버린 구제기라는 말에서 비롯하였다. 쌀구제기와 문둥구제기는 해녀들이 잠수하여 맨손으로 따냈다.

바르

마라도 사람들은 '오분자기[떡조개]'를 '바르'라고 하였다. 마라도 해녀 도구의 하나인 '바르찰리'도 '바르'를 담는 자루[袋]라는 말이다. 마라도의 바르는 제주도의 오분자기보다 컸다. 장마 안팎에 마라도의 바르는 가장 살쪘다. 이때 바르 맛도 뛰어났다. 해녀들이 잠수하여 빗창이나 '골갱이[호미]'로 바르를 따냈다. 바르는 죽을 쑤어 먹는 경우가 많았다.

귀살

마라도 사람들은 성게를 '귀살'이라고 하였다. '귀살'은 세 가지가 있었다. 가장 흔한 검은빛의 성게를 '귀살', 말똥성게를 '솜', 그리고 붉은빛이 감도는 성게를 '붉은귀살'이라고 하였다. 사리 썰물 때는 남녀노소 가릴 것 없이 조간대 갯밭에서, 그리고 물속의 것은 해녀들이 잠수하여 땄다. 1980년대부터 해녀들이 잠수하여 본격적으로 따냈다. 이때부터 귀살은 대일對日 수출품으로 인기가 높았기 때문이었다. 처음에는 밭에서 김매는 '골갱이'로 따내다가, 1990년대부터 이것을 따내는 갈퀴가 등장하였다. 귀살을 따내는 갈퀴를 '귀살골갱이'라고 하였다. 이는 귀살을 따내는 골갱이라는 말이다.

미

마라도 사람들은 해삼을 '미'라고 하였다. 해삼은 여름이 가까워지면 암초 밑에 숨어들어 여름잠을 자다가 겨울이 다가와 수온이 뚝 떨어져 추울 때에 잠에서 깨어 활동한다. 미의 생태를 가늠하는 속담도 전승되었다.

ᄉ월 민미는 사돈칩의사돈집에 아상가지고 간다.

음력 사월이 되면 미는 깊은 바다 바위 속에 숨어들어 긴 잠에 빠져들기 시작하였다. 그러니 이 속담은 무척 희귀한 시기에 잡은 미는 사돈댁에나 들고 갈 만한 귀한 물건이 된다는 말에서 비롯하였다. 미는 겨울 동안이라도 주로 밤에만 활동하는 야행성이다. 그런데 마라도의 바다에는 돌멩이가 많았기에 미를 잡기가 쉽지 않았다.

마라도에서 갯바위낚시를 하는 데는 미끼가 고민이었다. 마라
도에는 물고기의 미끼인 갯지렁이를 잡을 수 있는 모래밭이나 갯
밭이 귀했기 때문이다. 갯지렁이를 잡을 수 있는 곳은 '성멀'뿐이
었다. 하지만 이곳은 돌을 치워야 모랫바닥을 드러내는 곳이다.
갯지렁이를 잡으려면 모랫바닥이 나올 만큼 커다란 돌멩이들을
힘겹게 치워야 했다. 열심히 돌을 치웠는데도 모랫바닥이 안 나타
나면 헛일이 되고 말았다.

마라도의 갯밭 이름 '치권이덕'은 인명人名인 '치권이'와 '덕'으로
이루어진 말이다. 치권이라는 사람은 이곳에서 '다금바리'라는 물
고기를 지게로 지어올 만큼 많이 낚았다. 그래서 이곳의 지명을
'치권이덕'이라고 하였다. 다금바리를 낚는 낚시를 두고 '골핀낚
시'라고 하였다(**도24**).

도24 골핀낚시 서귀포시 토평동 오 씨(1942년생)가 1970년대
에 다금바리를 낚으려고 손수 만든 것이다. 강철을 불에 달
구어 구부려 미늘을 세우고 낚시의 목을 줄로 다듬었다. 그
목에 실을 칭칭 감고 송진을 녹여 먹이고 줄을 묶었다. 줄은
20발 정도다(폭 4.5cm).

목맥이그물

'목맥이'는 밀물에 갯밭으로 몰려온 물고기를 잡으려고 사리[大潮] 밀물 때에 그물로 물의 목을 막고 썰물에 빠져나가려다 그물에 걸리고 만 물고기를 잡는 그물의 이름이다. 마라도 목맥이그물 어장은 '글체어음'과 '작기끝' 사이에 있는 '고래미통'이었다. '고래미'는 물고기의 이름이다. 지난날 이 물통에는 고래미[41]라는 물고기가 장마철에 밀물을 타고 와서 몰려들었다. 그러면 밀물 때 그물로 그 물목을 막았다가 썰물에 그물에 걸린 고래미를 잡았다. 그 당시 고래미라는 물고기는 장마철 이곳에 산란하러 왔었을까. 고래미라는 물고기는 마라도에서 지금은 자취를 감추고 말았다.

상어거낫

마라도에서는 거낫이라는 도구를 들고 물속으로 들어가 '빅게'와 '도롱이'라는 상어를 잡는 어로기술이 1970년대까지 전승되었다. '거낫'은 묵직한 낚시 모양의 갈퀴이다(도25). 마라도에서는 음력 3월부터 5월 장마가 끝날 때까지, 그리고 제주도 사계리[안덕면]에서는 음력 5월에 그물로 상어를 잡았다. 상어 활동이 왕성할 때에

---

41) 김창부 씨(1921년생, 여) 가르침에 따르면, '고래미'는 '다금바리' 닮은 고기 이름이라고 하였다.

도25 상어거낫 ① ②
상어거낫 ①은 제주도의 대정읍 하모리 변 씨(1924년생, 여) 해녀
에게 부탁하여 복원한 것이다. 직경 0.7cm의 둥근 쇠막대를 큰 낚
시처럼 만든 것을 나무 자루에 박고 철사로 고정했다.
상어거낫 ②는 우도에서 수습한 것이다. 자루를 박고 줄을 묶어 복
원하였다.

① ②

는 그물로 그것을 잡았다. 그런데 장마가 끝난 음력 6월부터 중복中伏
사이에 상어는 물속 바위그늘이나 바다풀 숲 속에 드러누워 있는 경
우가 많았다. 그때부터 그물로 상어를 잡을 수 없게 되었고, 대신
해녀들이 잠수하여 거낫으로 상어를 잡는 경우가 많았다.

　마라도에서는 음력 5월 전후에 먼바다에 살던 상어가 갯밭 물
속 바위그늘인 '엉덕'에서 새끼를 치려고 몰려들었다. 이 무렵의
상어를 '맛빅게'라고 한다. '맛빅게'는 장마의 '마'와 '빅게'로 이루
어진 말이다. 빅게는 수염상어의 제주도 말이다. 마라도의 '장시
덕'과 '살레덕'은 물속 바위그늘이 발달하였다. 한 발 길이의 나뭇
가지 가장자리에 상어거낫을 고정했다. 맞은쪽에는 줄을 묶었다.
해녀는 줄과 막대를 양손에 나누어 잡고 물속으로 들어갔다. 물

속 바위그늘에 알을 치려고 둥지를 틀고 있는 상어를 찾아내어 상어거낫으로 걸었다. 해녀는 줄만 잡고 물 위로 나왔다. 갯밭에서 기다리고 있는 사람에게 줄을 쥐여주고 해녀 자신은 그 위치에서 벗어났다. 물에 있는 사람은 상어를 뭍으로 끌어올렸다.

자리그물

언덕으로 이루어진 갯밭의 바다는 그만큼 깊다. 이와 같은 곳을 '덕'이라고 한다. 덕은 '높다'는 의미를 갖는 말이다. 마라도 '자리'는 굵고 맛도 뛰어나다. 가파른 절벽 아래이면서 비교적 수심이 깊은 곳에 몰려드는 자리는 배를 타고 바다로 나갈 필요 없이 그물로 떠 잡았다. 이와 같이 덕의 물속에 깃들어 살기를 좋아하는 자리를 '덕자리', 그것을 떠 잡는 그물을 '덕사둘'이라고 한다.

일정한 곳에 깃들어 있기를 좋아하는 물고기라 1년 내내 잡을 수 있었으나, 알을 치고 난 자리의 맛은 예전만 못하다. 그러니 봄과 장마 사이에 자리를 잡았다.

마라도에서 소문난 덕자리의 어장은 '자리덕, 살레덕, 장시덕'이다. '자리덕'은 자리를 잡는 덕이라는 말이니, 덕자리라는 어로기술이 갯밭 이름을 새겨놓은 것이나 다름없다. 덕사둘로 자리를 잡으려면 물때를 가렸다. 자리덕에서는 썰물 때만 어장이 이루어지고, 살레덕과 장시덕에서는 밀물 때만 자리 어장이 이루어졌다. 덕사둘을 물때에 맞추어 일정한 어장에 드리우고, 덕사둘 안으로 자리가 몰려오면 그물을 들어올렸다.

사둘을 운용하는 데는 두 사람이 필요하였다. 한 사람은 드리웠던 그물을 들어 올렸고, 한 사람은 들어 올린 그물을 잡아끌어 그 안에 든 자리를 꺼냈다. 라양옥 씨^{1943년생. 남}에게 가르침 받은 '덕사둘'의 구조는 다음과 같다(**도26**).

① 어음: 달리 '에움'이라고도 하였다. 그물을 고정시키는 둥그런 테두리의 막대이다. 굵은 대나무를 쪼개어 둥그렇게 휘어 묶어 만들었다. 어음의 길이는 5~6발이었다.

② 그물: 어음에 맞게 그물을 만들었다. 그물코는 손가락 두 개가 넘나들 정도였다. 그물 밑 한가운데 돌멩이를 달아 묶었다. 이를 '불돌'이라 하였다.

③ 버릿줄: 남총이나 짚으로 꼬아 어음 네 군데로 벌려 묶은 줄이다. '버릿줄'은 나중에 하나의 줄로 모아진다. 모아진 줄은 서너 발 되는 대나무에 묶었다. 대나무를 들었다 놓았다 해가며 그 안으로 몰려든 자리를 떠 잡았다.

덕그물

마라도에는 천연 포구가 없다. 그러니 바다 한가운데 떠 있는 섬이면서도 마라도 사람들은 먼바다로 나갈 수 없다. 때문에 마라도 사람들은 조간대와 그 가까운 어장에서, 그리고 뭍에 올려 두었던 0.5t 정도의 배를 타고 가까운 갯밭에서 어로활동을 펼치는 게 고작이었다. 대신 낭떠러지 갯밭에서 이루어졌던 그물이 전승

목줄

줄도래기

뜰대

버릿줄

어웅

그물

도26 덕사둘(1990년 여름, 한경면 고산리)
한 어부가 갯밭에서 '덕사둘'로 자리를 잡고 있다. 마라도에 전승되었던 덕사둘도 이와 다름
없었다. (강창언 촬영)

되었으니, 그것이 '덕그물'이다. 낭떠러지도 굽이가 있다. 뭍 쪽으로 들어온 곳이 있으니 쑥 내민 곳도 있다. 쑥 내민 두 곳에서 그물을 드리우거나 끌어올렸다. 이와 같은 곳은 모두 덕그물 어장이나 다름없다.

마라도에는 덕그물 어장이 많다. 덕그물 어장은 '자리덕, 남대문, 물내리는덕, 섬비물, 고래미통, 알살레덕, 남덕, 올한덕'이다. 그물 양쪽에 줄을 묶어 돌출점 한쪽에서 드리워가는 대로 맞은편에서 잡아당긴다. 저녁에 그물만 '덕' 아래 물속에 쑥 잠기게 밧줄을 좌우 돌출점에 묶어 뒀다가 아침에 잡아당기며 걷어 올린다. 실로 덕그물은 마라도다운 그물이다(도27).

도27 '덕그물' 드리우기(1994. 11. 11.)
마라분교장 강두삼 선생이 '남대문'에 덕그물을 드리우고 있다. 저녁 5시에 그물을 드리우고 이튿날 8시에 그물을 들어 올렸더니 돌돔 한 마리가 그물에 걸려 나왔다.

'가다리[재방어]'는 고등어과에 속하는 이동성 물고기이다. 제주도에서는 '저립'과 가다리, 남해안 일부 지역에서는 '제립'이라고 한다. 가다리는 갯밭 이름에 새겨져 있는 경우도 있다.

- 가다리왓: 제주도의 사계리[안덕면] 앞바다에 외딴 형제섬이 떠 있다. 이 일대에서는 저립을 '가다리'라고 하는데, '가다리왓'은 형제섬 북동쪽에 있다.
- 안저립여·밧저립여: 제주시 화북동 갯밭 이름 중에 '뒷코지'라는 곳이 있다. 뒷코지는 물속으로도 쭉 뻗어나간다. 그 서쪽은 수심 7m 내외로 깊고, 그 동쪽은 4m 내외로 얕다. 그 안쪽을 '안저립여', 바깥을 '밧저립여'라고 한다. 이곳은 밀물 때 자리 어장이 이루어진다. 자리가 많이 깃들기에 재방어가 몰려들었을 것이고, 이를 잡았었기에 '저립여'라고 하였던 모양이다.
- 제립치: 상추자도[上楸子島] 서북쪽 해상에 위치한 직구도 바로 북서쪽 바닥돌이 돌출된 곳이다. 추자도 사람들은 이곳 갯밭 이름을 '제립치'라고 한다.
- 제립여: 거문도 여기저기에 있는 갯밭 이름 중에 '제립여'라는 곳이 있다.
- 안제립여·바깟제립여: 한반도의 남해안에 있는 욕지도 남쪽에 있다. 등대섬 동남쪽 맨 바깥에 있는 여를 두고 '바깟제립여', 그리고 그 안쪽의 여를 '안제립여'라고 한다.

예로부터 우도와 서귀포시 보목마을에서는 가다리를 제법 낚았다. 가다리 어로기술을 짐작하게 하는 최초의 자료는 《한국수산지》이다.

> 연해에 많다. 가다리는 음력 7~8월 해안에서부터 20~30리 이내까지 와서 논다. 제주도 모슬포 연안에 많다. 직업적으로 어획하지는 않았다. 때때로 일본 잠수기업자나 섬사람들이 낚시로 낚았다.
> - 조선총독부농상공부(1910), 401쪽.

마라도는 제주도 서부지역에서 가장 소문난 가다리 어장이다. [42] 1980년대까지만 해도 배를 이동해 가며 끌낚기로 낚았다. 가다리는 전갱이, 그리고 자리를 잡아먹으면서 여름에 무리지어 놀기를 좋아하는 물고기다. 이곳에서의 고기잡이철은 음력 6월 보름에서부터 8월 보름 사이, 약 2개월 동안이다. 마라도 주위 어디서건 가다리 어장이 이루어지나 물때에 따라 어장이 다르다. 썰물에는 섬 서쪽 바다, 밀물에는 동쪽 바다에서 가다리를 낚았다. 썰물은 섬 동쪽으로, 그리고 밀물은 서쪽으로 흐른다. 조류가 배

---

42) 재방어의 언어분포권은 제주도에서 둘로 갈린다. 제주도의 남서부인 모슬포를 중심으로 하여 가파도와 마라도에서는 '가다리'라고 하고, 그 이외의 지역에서는 '저립'이라고 한다. 그리고 추자도와 거문도에서는 '제립'이라고 한다. 추자도와 거문도의 '제립'은 제주도의 '저립'이라고 하는 제주도 북동부 지역 또는 남부지역과 같은 언어분포권에 속한 말이다.

를 한없이 끌어가버리지 못하게 마라도가 막아주었기 때문이다. 물때에 따라 어장을 달리하였던 까닭이다. 마라도 '장시덕'과 '작기끝'이 좋은 어장이긴 하나 조류가 드세기에 가급적 꺼렸다. 조류와 가다리가 끌어당기는 힘이 뒤엉킬 때는 위험한 상황이 일어났다. 조류의 방향과 가다리의 힘이 한 곳으로 쏠릴 때는 0.5t의 배쯤은 물속으로 차고 들어갈 정도였으니 말이다. 그러니 조류가 적당한 두물음력 11일과 26일과 세물음력 12일과 27일 날이 가장 좋았다.

바늘처럼 귀가 달린 낚시를 직접 만들었다. 강철로 휘어 만든 스프링을 잘라내어 만드는 수가 많았다. 가다리는 이빨이 사납기에 한 발 길이의 철사 줄을 목줄로 삼았다. 낚싯줄은 1cm 굵기의 백 발 길이의 줄이었다. 처음에는 풋감의 즙으로 만든 감물을 들였고, 그 위에 다시 썩힌 돼지 피를 발라주었다. 이를 잘 말리고 나서 솥에서 쪄야 감물이나 돼지 피가 벗겨지지 않아서 좋았다.

미끼는 갈치와 고등어다. 이른 새벽에 바다로 나간다. 미끼를 끼운 낚시를 드리우고 배를 흘려준다. 낚싯줄은 둥그런 상자에 사려놓는다. 줄의 한쪽 끝을 배 한쪽에 묶는다. 끌낚시에서는 배의 속도가 중요하다. 약 0.5노트 정도 유지해주며 배를 이동시켰다. 동력선은 속도를 조절해버리면 그만이나 풍선은 그 조절이 까다롭다. 바람이 있으면 돛으로 그 속도를 조절하였고, 바람이 없으면 노를 저어주며 속도를 컨트롤하였다. 가다리가 물면 배와 힘겨루기가 벌어졌다. 어느 정도 가다리가 지쳤을 때 갈퀴로 찍어 배 위로 끌어 올렸다. 이 갈퀴를 두고 '양산각이' 또는 '갈깃대'라고 하였다.

가다리 끝낚시에서 칼은 항상 휴대하여야 할 필수품이었다. 위험한 지경에 이르면 칼로 낚싯줄을 끊어버려야 할 때가 종종 있었기 때문이다. 라양옥 씨[1943년생, 남]는 다음의 경험담을 들려주었다.

내 나이 열다섯 때였다. 작은아버지와 둘이서만 가다리를 낚으러 나갔다. 노를 저으며 천천히 낚싯줄을 드리워나갔다. 그리 빨리 가다리가 나타나 물어버릴 줄은 몰랐다. 손가락이 잘려나가는 줄 알았다. 작은 아버지가 재빨리 칼로 줄을 끊어주어 위기에서 벗어날 수 있었다.

가다리를 낚는 동안의 칼은 낚싯줄을 잘라내고 그 대신 생명줄을 이어주는 도구나 다름없다. 가다리의 분배는 우선 배의 값으로 절반을 떼어놓았다. 그 나머지는 선주와 선원이 똑같이 서로 나누어 차지하였다.

상어그물

《한국수산지》 1권에 따르면, 그 당시 한반도에서는 상어를 주낚이나 줄낚시로 낚았지만, 제주도에서만은 그물로 잡았다고 기록하고 있다. 상어그물의 구조는 다음과 같다고 하였다(도28).

그물은 면사(綿絲)로 짜 만든다. 굵기는 0.15cm, 그물눈은 18cm, 그물 길이 14.4~19.8m, 그물 폭은 75cm이다. 띄움표는 구상나무로 만드는데, 그 길이는 4.5cm이고 폭은 3cm이다. 이것을 15cm 간격으로 달아맨

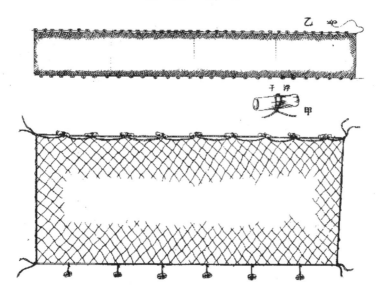

도28 상어그물
《한국수산지》1권, 한국농상공부수산국(1908)에서 인용.

다. 봉돌은 34.5g의 돌멩이이다. 그 길이는 약 50cm. 이를 새끼줄에 묶고 1~1.5m의 간격으로 달아맨다. 그물 알줄은 짚으로 꼬아 만든 것으로 그 굵기가 0.75cm이다. 그물의 윗줄은 종려나무 껍질로 만들었는데, 그 굵기는 0.6cm이다.

만내灣內나 연안 또는 그리 멀지 않은 수심 7~8m인 곳에 그물 3~4떼를 이어 묶어 암초와 모래밭 사이에 드리워놓는다. 그 그물이 드리워진 곳을 표시해두기 위하여 별도의 줄에다 부표를 달아매두었다가 이튿날 아침에 들어올린다.

- 조선총독부농상공부(1910), 207쪽.

116

마라도 상어 어기漁期는 음력 정월부터 오월 장마가 끝날 때까지다. 정월달에는 도롱이만 잡히다가 2~3월 안팎부터 빅게도 잡힌다. '빅게'보다 도롱이가 먼저 마라도 갯밭으로 몰려왔던 모양이다.

마라도에서 상어그물을 드리우는 갯밭은 섬 북쪽의 '성창곰'과 섬 서쪽의 '홍합여' 두 군데뿐이었다. 갯밭에 따라 고기잡이철이 조금 달랐다. 성창곰은 섬 북쪽 '작기끝'에 있는 '성창'에서부터 수심 12.8m의 이름 모를 수중 암초 사이, 수심 26m 되는 갯밭이다. 가늠을 잘못하여 더 바깥쪽으로 그물을 드리우면 잃어버리는 경우도 있었다. 도롱이는 정월에 이곳에 몰려들었다. 이를 잡으려고 정월 이후에 틈틈이 이곳에 그물을 드리웠다. 홍합여 바깥 수심 47m 지점에도 상어의 갯밭이 있다. 음력 2월부터 5월 장마까지 좋은 어장이 이루어졌다.

그물은 일반적인 그물의 구조와 다름이 없었다. 길이가 15~20발, 폭 1발 정도였다. 하나의 그물을 한 '떼'라고 하였다. 보통 일곱 떼를 이어 붙였는데, 이를 '연폭'이라고 하였다.

빅게와 도롱이는 잡는 즉시 팔지 못하면 일정 기간 보관해두었다. 같은 물고기끼리 밧줄로 꼬리를 묶어 바닷가 웅덩이에 보관하였다가 배에 싣고 제주도로 나가 팔았다. 상어는 한 달 남짓 동안 보관이 가능하나 밧줄에 묶인 상어의 꼬리부터 썩어들어 걱정이었다. 산 채로 내다 팔 수 없는 지경에 이르면, 고기를 잡아 말려 보관하였다가 파는 수도 있었다.

빅게와 도롱이 배에 들어 있는 기름주머니를 빼내어 솥에서 삶아 기름을 만드는 일도 있었다. 그 기름을 병에 보관해두었다가 보시기에 기름을 부어놓고 실을 꼬아 심지를 만들어 불을 밝히는 등화燈火의 연료로 사용하였다.

방어 낚기

방어는 온대성 회유어回遊魚다. 마라도 연근해에 음력 10월부터 이듬해 음력 2월까지 회유한다. 특히 마라도는 제주도 내에서도 소문난 방어 어장이다. 방어는 낮과 밤에는 먹이를 찾아 나서지 않기 때문에 아침저녁으로만 잡으러 나간다.

방어는 배를 타고 일정한 어장으로 나가 낚았다. 여러 곳에 어장이 이루어지지만, 마라도 남쪽 걸바다가 끝나는 수심 63m 내외가 가장 소문난 방어의 어장이다. 이 일대 갯밭 이름을 '신알목'이라고 한다. 신알목은 "새로 찾아낸 마라도 아래쪽의 물목"이라는 말이다. 이곳은 자리 어장도 이루어지고 있으니, 방어와 가다리의 먹이사슬이 이루어지고 있는 모양이다.

50~60발 되는 줄 끝에 봉돌을 매고 그 밑에 두 개의 낚시를 달아맨다. 미끼는 미꾸라지다. 미꾸라지 미끼는 바로 낚시에 끼우지 않고 아가미로 끼워 주둥이로 나온 실을 낚시와 봉돌 사이에 묶었다(도29).

마라도 사람들은 겨울에 갯밭에서 방어를 훌쳐내는 경우도 있었다. 낚시 머리에 납 조각을 붙였다. 그리고 낚시와 납 조각 사이에 방어껍질을 붙였다. 납 조각은 멸치의 머리, 방어껍질은 멸치

의 몸통과 꼬리 모양을 하였다. 이것을 '덕방어낚시'라고 하였다
(도30). 마라도 갯밭 중 비교적 높은 덕에서 방어를 낚는 낚시라는
말이다. 50m 정도의 줄에 덕방어낚시를 묶었다. 이것을 멀리 내
던지고 슬슬 잡아당기다 보면 방어가 물었다.

  방어가 무리 지어 노닐고 있는 곳으로 낚시를 던져 걸어 올리는
어로기술을 두고 '홀치기'라고 한다(도31). 방어 홀치기는 음력 2
월 전후, 낮 동안에만 이루어졌다. 배를 타고 나가 방어를 홀쳐내
려면 오십 발 정도의 낚싯줄에 홀치기낚시를 달아매었다. 방어의
무리를 찾아내어서 어구를 휘돌리다 내던지면 멀리 날아갔다. 힘
차게 잡아당기다 보면 어쩌다 방어가 걸려 나왔다.

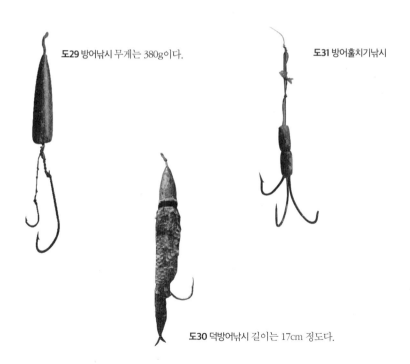

도29 방어낚시 무게는 380g이다.

도31 방어홀치기낚시

도30 덕방어낚시 길이는 17cm 정도다.

제4장

의식주

의생활
식생활
주생활

의식주

의식주 생활은 제주도와 크게 다름이 없었을 것이지만, 마라도에서 수집한 내용을 중심으로 들여다보기로 한다.

의생활

마라도 전통 복식服飾은 남녀에 따라 달랐다. 남자 일상복日常服은 바지와 저고리였다. 계절에 따라 옷감과 그것을 대는 법이 조금 달랐을 뿐이었다. 봄과 가을에는 목면포木棉布로 만든 겹옷, 여름에는 삼베나 무명으로 만든 홑옷, 그리고 겨울에는 목면포의 겹옷 사이에 솜을 넣어 만든 옷을 입었다. 저고리를 예로 들어보면, 겹으로 만든 것을 '접저고리', 홑으로 만든 것을 '홑적삼' 또는 '홑저고리', 솜을 넣은 것을 '소개저고리'라고 하였다. '소개'는 '솜'의 제주도 말이다. 홑옷은 감물을 들여 입는 수가 많았다. 다만 두루마기와 버선은 방한용防寒用으로 착용하였다.

여자 일상복은 치마와 저고리, 그리고 소중이였다. 계절에 따라 남자 옷과 같이 봄과 가을에는 무명으로 만든 겹옷, 여름에는 삼베나 무명으로 만든 홑옷, 그리고 겨울에는 무명의 겹옷 사이에 솜을 넣은 옷을 입었다. 홑옷에 감물을 들여 입었다.

봇디창옷

봇디창옷은 마라도 사람들이 태어나서 맨 처음 입는 옷이었다. 아기가 태어나면 목욕도 시키지 않고 보자기에 싸두었다가 사흘이 되는 날 향수香水에 목욕을 시키고 나서 20일이나 한 달쯤 봇디창옷을 입혔다. 봇디창옷에 따른 아래옷은 없었다.

봇디창옷은 거친 베를 바늘로 기워 간단하게 만들었다. 갓난아기의 몸체에 비하여 소매를 길게 만들었다. 아기손이 얼굴을 긁어 흉터가 생기는 일을 막기 위해서였다. 봇디창옷을 입히고 끈으로 묶었다. 그 끈을 '옷곰'이라고 하였다(도32).

봇디창옷은 함부로 다루지 않았다. 정성이 지극한 이는 어린애를 잘 보살펴준다고 믿는 '할망궤'에 보관하였다. 한번 만든 옷은 두고두고 보관해두었다가 아기가 태어날 때마다 입혔다. 또 아기 복력福力이 빈곤한 이는 다복한 이가 만들어 입혔던 옷을 빌려다가 입히기도 하였다. 그것을 입었던 아기가 자라나서 유학留學이나 군

도32 봇디창옷

역軍役 등 출타할 때는 봇디창옷의 한 조각을 잘라내어 상의上衣 안쪽에 기워 붙여 보내기도 하였다.

저승사자를 속이는 '기시렁'

마라도 사람들은 그을음을 '기시렁'이라고 한다. 아이가 어느 정도 자라 첫나들이를 할 때면 솥바닥에 그을린 기시렁을 이마에 발랐다. 또 바닷가에서 물장구치다가 실수하여 익사 지경에 이른 어린아이를 건져내자마자 얼굴에 기시렁을 발랐다. 어린아이를 저승으로 잡아가는 악귀가 기시렁에 놀라게 만들려는 목적이었다. 그러면 첫나들이는 안전하게 이루어졌고, 또 익사의 지경에 이른 어린아이는 저승으로 가지 않고 살아난다고 믿었다.

신발

마라도 사람들은 섬 안에서 왕래할 때는 계절을 불문하고 맨발이었다. 오직 이웃 가파도나 제주도로 나들이할 때만 나무로 만든 '남신'을 신었다. 그것도 집집마다 갖추고 있지 않아 이웃집에서 빌려 신는 경우도 없지 않았다.

1925년에 한 켤레의 고무신이 마라도에 배급의 명목으로 들어왔다. 그 당시 마라도의 한 집에 홀어머니와 13세의 딸이 살고 있었다. 너나없이 가난하게 살고 있었지만, 그 집은 유독 가난하였다. 그런 집을 "채 ᄀᆞᆯ멍 먹는 집"이라고 하였다. '채'는 '겨'의 마라도 말이다. 겨를 갈면서 끼니를 때우는 집이라는 뜻이다. 섬에 흉년이 들 때는 보리나 조의 여물이 절반밖에 들지 않았다. 이럴 때는 보리와 겨를 'ᄀᆞ레ᄆᆡᆺ돌'에 갈아 밥을 지어 주린 배를 채웠다.

마라도 사람들은 배급 나온 고무신을 가난한 집 어린이에게 주기로 결정하였다. 부잣집의 어린이들이 가난한 집의 어린이를 부러워하였다. 고무신을 배급받은 어린이는 누워 잘 때도 그 고무신을 보듬고 잤다.

마른빨래

마라도 사람들의 공동소유 목장 켓밭에는 물통을 파서 소의 급수장을 마련하였다. 그리고 인가가 가까운 '올한덕' 위쪽에 물통을 파서 식수를 마련하였다. 올한덕 물통은 마라도 사람들의 식수

125

로는 역부족이었다. 빗물은 암반 물웅덩이에 고였다. 마라도 사람들은 그런 암반을 '빌레'라고 하였다. 빌레에 물이 고이면, 마라도 사람들은 물을 담을 그릇과 솜을 들고 빌레로 갔다. 물 적신 솜을 짜며 그릇에 물을 모았다. 그 물을 항아리에 담아두면서 식수로 이용하였다. 빨래할 물은 염두에 두지 않았다.

마라도 사람들은 음력 9월 중순부터 솜옷, 곧 '소개저고리'를 입었다. 어린이들은 옷소매에 코딱지가 다닥다닥 붙기 일쑤였다. 설날이 다가와도 옷을 물에 담가 빨래할 처지가 못 되었다. 그것을 양손으로 비벼내고 돌멩이 위에 살살 내려치며 코딱지 붙은 것을 떨어냈다. 어른들의 옷도 마찬가지였다. 이를 '마른빨래'라고 하였다.

식생활

마라도 사람들은 농사를 지어 식량을 마련하려고 지혜를 모았다. 그리고 갯밭의 조개와 바다풀, 그리고 물속의 물고기와 조개를 잡아 식자재로 활용하였다.

검넝솟

제주도 사람들은 부엌을 '정지'라고 하였다. 정지에는 보통 4개의 솥을 걸었다.

- 두말띠기: 뚜껑을 열었을 때 솥 부리의 직경이 39.5cm의 것이다. 집안에서 큰일을 치를 때 밥을 짓거나 고기를 삶을 때 쓰는 솥이다. 일상적인 솥이 아니었다.
- 웨말치기: 달리 '말치'라고도 하였다. 집안 식구들이 먹을 밥을 짓는 솥이다. 술을 빚는 '고소리'와 떡을 찌는 시루를 올려놓기도 하였다.
- 중솟: 중간 크기의 것이라서 '중솟'이라고 하였다. 달리 '다두테기'라고도 하였다. 부리의 직경이 27.5cm 정도였다. 식구가 많지 않은 집안에서 먹을 밥을 지을 때 쓰거나 그것에 맞는 시루를 올려놓기도 하였다.
- 옹주리: 국을 끓이거나 반찬을 만드는 솥이다. 늙은 어르신 혼자 먹을 몫의 밥을 짓는 솥으로도 쓰였다. 달리 '동자솟'이라고도 하였다. 솥 중에서 가장 작은 것이다. 어지간한 집안 '정지'에는 웨말치기, 중솟, 옹주리는 거의 갖추고 있었다.

마라도의 경우는 사정이 달랐다. 집집마다 중솟과 옹주리가 하나씩 있었을 뿐이다. 마라도에서 옹주리를 마련하지 못한 집에서는 그것 대신 전복껍데기로 만든 솥을 걸었다. 전복은 세 가지가 있었다. '숫핏'과 '암핏', 그리고 중성의 '마드레'였다. '숫핏'을 '숫통이'라고도 하였다. 세 종류의 전복 중에서 '숫통이'의 껍데기가 움푹하여 솥으로 이용하기가 좋았다. 솜에 물을 적시고 전복의 구멍을 단단하게 막았다. 뚜껑은 없었다.

마라도 사람들은 전복껍데기를 '겁넝'이라고 하였다. 겁넝으로 만든 솥을 '겁넝솥'이라고 하였다. 겁넝솥에서 자리젓을 달여 반찬을 만들면 그렇게 맛이 좋았다. 겁넝솥의 수명은 1~2개월이었다.

홍합숟가락

마라도 서쪽 갯밭에는 '홍합여'라는 곳이 있다. 썰물 때는 그 모습을 드러낸다. 홍합이 자라기 때문에 홍합여라 한다. 마라도 사람들은 이곳에서 홍합을 따다가 푹 삶고 홍합의 겉껍데기를 벗겨냈다. 그것으로 숟가락을 만들었다. 이를 홍합숟가락이라고 하였다.

염장鹽藏 가다리

마라도 사람들은 재방어를 가다리라고 하였다. 마라도 사람들은 가다리를 토막 내어 소금에 절여 항아리에 담아두기도 하였다. 먹기 전날 저녁에 소금에 절여두었던 가다리의 고기 토막을 꺼내어 물에 담갔다. 그 고기토막을 국솥에서 달이다가 나물을 넣었다. 그리고 소금으로 간을 맞추었다. 이를 '가다리ㄴ물국'이라고 하였다.

주생활

마라도 민가는 제주도 민가와 크게 다르지 않았다. 마라도 주생활의 단편을 들여다보고자 한다.

집터 다지기

마라도에는 집터를 단단하게 다지는 풍습이 전승되었다. 나무 삼발이를 두 개 만들었다. 그 위에 가로막대를 걸었다. 묵직한 나무토막에 줄을 묶었다. 그 줄을 가로막대에 걸었다. 줄을 당겼다가 내려놓기를 반복하며 집터를 다졌다. 이때 집터 다지는 소리를 부르기도 하였다.

거적문

마라도에는 나무판자로 만든 '널문'은 거의 찾아볼 수 없었다. 널문 대신 거적문을 만들어 달았다. 거적문의 재료는 억새와 삼 줄기였다. 거죽을 벗겨낸 삼 줄기를 '열낭'이라고 하였다. 억새나 열낭을 노끈으로 엮어 거적문을 만들었다. 그리고 마루에는 널 대신 보릿대를 깔았다.

등불

마라도에는 자연물을 이용한 등화법이 전승되었다. 소나무의 송진이 많이 엉긴 소나무 조각인 관솔을 '솔칵'이라고 하고, 그것으로 밝힌 불을 '솔칵불'이라고 하였다. 마라도에서는 돌멩이에 홈을 내어 그릇을 만들고 그 안에 재^灰를 넣은 다음, 그 위에 '솔칵'을 꽂아 불을 밝혔다. 또 마라도에는 등유를 이용한 등화법이 전승되었다. '빅게'와 '도롱이'에 들어 있는 기름주머니를 빼내어 솥에서 삶아 기름을 만들었다. 그 기름을 병에 담아 보관해두면서 보시기에 기름을 부어놓고 실을 꼬아 심지를 만들어 불을 밝혔다. 상어기름은 고린 냄새가 나기 때문에 '구린지름'이라고 하였다. 등유를 담고 거기에 심지를 꽂는 그릇을 '각지'라고 하였다. 각지는 '구제기' 껍데기로 만들었다. 접시가 귀했던 마라도에서는 구제기 껍데기로 만든 각지를 많이 썼다. 구린지름은 마라도에서 가장 손쉽게 구할 수 있는 등유이기도 하였다.

불씨 일으키기와 보관

마라도 사람들은 '부쇠^{부시}'와 '부쉿돌^{부싯돌}'을 마찰하여 불씨를 일으켰다. 거기에서 불똥이 튀면 '불찍^{부싯깃}'에 붙었다. 불찍은 제주도 사람들에게 부탁하여 마련하였다. 불찍은 삭아빠진 팽나무 조각이었다. '불찍'은 대나무 통에 잘 보관하였다. 억새꽃을 '미독'이라고 하였다. 미독은 음력 8월에 피었다. 그때 그것을 뽑고, 노끈으로 얽어 묶었다. 이것을 '훼심'이라고 하였다. 음력 8월에 이것을 많이 만들어두었다가 불씨를 보관하는 도구로 이용하였다.

땔감

마라도의 땔감은 쇠똥으로 만든 떡이 대표적이었다. 이를 '쇠똥떡'이라고 하였다(**도33**). 현용준은 1966년 여름에 제주대학 제주도문제연구회 학생들을 인솔하여 마라도에 갔다. 그때 마라도에서 쇠똥떡을 만드는 모습을 유심히 들여다보고, 그 내용을 메모하여두었다가 수필집《황혼의 언저리》에 〈마라도의 단상〉이라는 이름으로 남겼다.

도33 쇠똥떡(1966. 8.)
밤 동안 싸놓은 쇠똥을 부녀자들이 아침 일찍 모아다 두 손바닥으로 착착 때리며 둥그스름하고 납작하게 만들어 낭떠러지 위 바위 위에 널어 말리고 있다. 이 '쇠똥떡'이 마라도의 유일한 연료이다. (현용준 촬영)

아침 일찍 일어나 북쪽으로 구경을 나섰는데 바닷가 절벽 위에서 여인들이 앉아 무엇인가 만들고 있다. 가까이 가보니 여인은 지난 밤 싼 쇠똥을 모아다 한 줌씩 끊고 왼손바닥에 놓아 오른손 바닥을 착착 치며 손바닥만큼 하게 납작한 것을 만들어 바위 위에 가지런히 널고 있다. 무엇인가 물어보니 '쇠똥떡'이라는 것이다. 둥그스름하게 만든 것이 꼭 떡 같다. 눈을 돌려보니 이 쇠똥떡을 절벽 바위 위에 군데군데 널어 말리고 있는 것이다. 나무가 없는 이 섬에선 이 쇠똥떡이 유일한 연료다. 집들의 구조를 살피려고 마당에 들어서서 부엌을 보니 땅바닥의 부엌엔 무쇠솥 크고 작은 것 세 개가 '솟덕[돌받침]'에 앉혀 있는데 그 구석에 마른 쇠똥떡이 수북히 쌓여져 있다. 쇠똥떡 세 개면 한 끼니 밥을 짓는다고 하였다. 그 화력이 얼마나 센지 가히 알 수가 있다. 이 쇠똥떡은 마라도에서만 가능하지 가파도에만 가도 안 된다고 한다. 마라도 쇠똥은 띠만 먹어 싼 것이기 때문에 섬유질이 많아 땔감이 되지만 가파도 소는 잡초를 먹기 때문에 똥이 묽어서 말려도 불을 때지 못한다는 것이다. 이 마라도 사람들은 얼마나 자연환경을 잘 이용했는가. 그 지혜에 감탄하지 않을 수 없었다.

- 현용준(2006), 97쪽.

쇠똥 줍기는 1년 내내 이루어졌다. 먼저 마라도의 '소 사육의 1년'부터 보아 둘 필요가 있다. 마라도의 소는 소설[11월 22일경]에서부터 이듬해 입하[5월 5일]까지는 집의 '쇠막[외양간]'에서 매어 길렀다. 쇠막에서 소를 매어 기르는 동안의 쇠똥은 소 임자의 몫이었다. 그 이외의 기간에는 마을공동목장에 소를 풀어놓았다. 마라도 사람들은 마을 공동소유 목장을 '켓밭'이라고 하였다. 켓밭의 쇠똥은 줍는 사람의 몫이었다.

마라도 김난자 씨^{1944년생, 여}는 쇠똥을 줍는 일로 어린 시절의 나날을 보냈다. 쇠똥을 줍는 일은 밤과 낮으로 이루어졌다. 어린이들은 경쟁을 벌이듯 쇠똥을 주워 모았다. 어린이들은 쇠똥을 담을 그릇으로 구덕이나 '굴체^{삼태기}'를 들고 다녔다. 그러면서 쇠똥 싸는 순간을 기다렸다. 기다림의 지루함을 달래려고 서로 공깃돌을 굴리며 놀기도 하였다. 놀면서도 소의 꼬리 모습을 유심하게 살폈다. 소는 똥과 오줌에 따라 꼬리의 모습이 영 달랐다. 소가 똥을 싸려면 꼬리가 쑥 들렸고, 오줌을 싸려면 꼬리가 살짝 들렸다. 소가 꼬리를 쑥 들고 있는 모습을 맨 처음 발견한 어린이는 "똥쌈저^{똥 싼다}!"라고 외쳤다. 그 똥은 맨 처음 소리를 지른 어린이가 차지하였다.

밤에 쇠똥을 줍는 일은 부인네들이 경쟁을 벌였다. 부인네들도 쇠똥을 담을 그릇으로 구덕이나 굴체를 들고 다녔다. 밤에 쇠똥을 줍는 일은 누가 새벽에 먼저 일어나 공동목장의 쇠똥을 줍느냐가 관건이었다. 새벽 1~2시에 일어나는 부인네도 있었다. 쇠똥의 양은 그날의 운에 달렸다. 운이 좋으면 쇠똥을 많이 얻었다. 운이 없어 쇠똥을 줍지 못한 아낙네는 밤잠을 자고 있는 소를 깨웠다. 소는 누워서 자는 수가 많았다. 그런 소를 일으켜 세웠다. 일어난 소는 우선 똥을 누는 수가 많았기 때문이다.

낮이나 밤에 모은 쇠똥은 집집마다 '남대문' 너럭바위인 '빌레' 위에 모아두었다. 비가 올 때는 비를 가리려고 거적을 덮었다. 여름에 보관하여 둔 쇠똥에서는 벌레가 부글부글 일었다. 쇠똥떡을 만드는 것도 쉽지 않았다. 쇠똥에 바닷물이나 빗물을 주며 손으로 반죽해서 떡을 만들 듯이 쇠똥떡을 만들었다. 쇠똥떡의 규모는 직경 15cm, 두께 2~3cm 정도였다. 쇠똥떡을 너럭바위에 널어 말렸다. 쇠똥떡이 시들면 뒤집어 말렸다. 바싹 말린 쇠똥떡은 '정지^부_엌' 바깥 칸살인 '고랑케^{정지로 통하는 문 옆의 자그마한 공간}'에 차곡차곡 쌓아 두었다. 쇠똥떡은 취사는 물론 난방의 연료였다. 불에 타들어가는 '쇠똥떡' 위에 물고기인 자리나 고구마를 구워 먹기도 하였다.

쇠똥떡은 불을 운반하는 도구로도 쓰였다. 부지런한 집에서는 아침 일찍 연기가 피어올랐다. 쇠똥떡 하나를 들고 그 집으로 갔다. 그런 집에 갈 때 첫인사는 "불붙이레 오라수다^{불붙이러 왔습니다}."였다. 쇠똥떡에 불씨를 붙이고 와서 불을 살렸다. 불씨가 꺼져버리면 다시 되돌아가 불씨 붙이기가 민망스러운 때도 없지 않았다.

제5장

사회와 신앙

사회
신앙

사회와
신앙

1981년 마라도는 행정적으로 가파리에서 분리^{分里}되었다. 그 이전까지는 행정적으로 가파리의 16반^班이었다. 그러나 마라도는 외딴 섬이었기에 가파리와 달리 마을공동체를 유지하여 왔다. 특히 마라도의 땅과 갯밭은 행정적으로 가파리 소유지만, 마라도에 거주하는 사람들의 터전이었다. 또 마을공동체와 신앙생활도 가파리와 달리 독립적으로 이루어졌다.

사회

불맞춤

마라도에는 오랫동안 사람이 살지 않았고 울창한 숲으로 둘러싸여 있었는데, 조선왕조 고종 20년¹⁸⁸³에 입주가 시작되었다. 마라도의 입주는 가파도보다 41년 늦게 이루어진 셈이었다. 마라도에는 초기에 11세대가 입주하였다. 마라도에 입주한 11세대만으로는 독립된 사회조직을 구성하기는 역부족이었기에, 가파도의 부속도서로 편입되었다. 1981년 이전까지만 하더라도 가파도와 마라도는 행정적으로 하나의 마을을 이루었다. 마라도 주민의 가까운 친족들은 대부분 가파도에 거주하고 있었다. 가파도는 남쪽과 북쪽에 포구를 거느리고 있었고 식수도 넉넉한 섬이었으나, 마라도는 절벽이 드높고 험하여 파도가 조금만 거칠어져도 배를 붙이기가 어려웠고 식수도 부족한 섬이었다.

이와 같이 마라도는 포구의 조건이 좋지 않아서 급한 일이 생기거나 삶의 위기에 처했을 때 쉽게 배를 타고 나갈 수도 없었다. 위급할 때는 가파도에 도움을 요청했다. 마라도 사람들이 급한 연락이 있을 때나 위급하여 도움을 청할 때, 마라도와 가파도 사이에는 의사전달 수단이 필요했다.

마라도와 가파도의 거리는 5km 정도인데, 전기가 없던 시절에 이 정도의 거리에서 서로 의사전달에 적합한 수단은 불을 피워 올리는 것이었다. 마라도에는 김金, 나羅, 이李 씨가 거주하였고, 마라도와 가파도의 친족끼리는 서로 횃불로 의사를 전달하였다. 횃불로의 의사전달은 해가 떨어진 저녁 이후에 이루어지는 수가 많았다.

마라도에서 가파도로 횃불을 올리는 장소는 성씨마다 서로 정해져 있었다. 김 씨 집안사람들은 '짓동산', 나 씨 집안사람들은 '별 젯단', 그리고 이 씨 집안사람들은 '남대문'이었다. '새茅'를 길게 엮어 묶어 홰를 만들었다. 횃불의 수는 경우에 따라 달랐다. 마라도의 사람이 병이 났을 때는 하나, 병이 깊어 위급한 지경에 이르렀을 때는 둘, 사망하였을 때는 세 개였다. 홰에 불을 붙여서 올리고 내리기를 반복하여 의사를 전달하였다. 의사전달을 받은 가파도 사람들도 횃불로 답신答信을 하였다. 이것이 '불맞춤'이다.

그런데 대낮에 급한 일이 발생하였을 때, 불을 피워 의사를 전달하는 일은 쉽지 않았다. 이럴 때는 장소를 가리지 않고 세 군데에서 모두 불을 피웠다. 그러면 가파도에서는 누구든지 마라도로 답신을 띄웠다. 김창부 씨1912년생, 여는 어렸을 때, 낮에 횃불을 밝혀 마라도에서 가파도로 의사전달을 했던 때의 일을 기억하고 있었다.

그 당시 어느 김 씨 노부부가 마라도에 거주하면서 노년을 보내고 있었고, 그의 외동아들 가족은 가파도에 거주하고 있었다. 김 씨 할아버지는 마라도의 갯바위에 낚시를 하러 갔다가 그만 절벽에서 떨어졌고 거친 파도가 할아버지를 삼켜버렸다. 마라도 사람들은 '짓동산, 별젯단, 남대문' 세 군데에서 모두 횃불을 피워 올렸다. 할아버지의 시신屍身을 찾으려고 마라도의 해녀들이 물속으로 잠수하여 보았더니, 시신은 암초에 걸쳐져 있었다. 해녀들이 할아버지의 시신을 수습하려고 다가가자 시신은 파도에 휩쓸려 바닷속으로 사라졌다. 그럴 즈음에 가파도에서 배가 도착하였다. 그런데 할아버지의 외동아들은 그 배에 없었다. 다시 배를 가파도로 돌렸다. 해녀들은 다시 시신을 찾기 위해 잠수하였다. 할아버지의 시신은 이번엔 물속 해식동굴海蝕洞窟에 틀어박혀 있었다. 시신을 끄집어내려고 해녀들이 애를 써보았지만 해식동굴은 시신을 놓아주지 않았다. 그 즈음에 외동아들이 도착하였다. 외동아들은 잠수하여 해식동굴로 들어갔다. 그때서야 해식동굴은 할아버지의 시신을 놓아주었고, 외동아들은 아버지의 시신을 안고 물 밖으로 나올 수 있었다.

마라도와 가파도의 불맞춤은, 전화나 휴대폰은 물론 전기도 없던 시절에 마라도와 가파도의 사람들이 의사전달의 수단으로 창조한 무형의 문화유산이었다.

혼인권

1994년 5월 26일에 이루어진 〈마라도의 인구조사〉를 토대로 가족, 출신지, 생계수단 등을 살펴보았다. 숫자는 세대번호이다.

① 마라도 출신 양 씨^{1919년생, 여} 혼자 살고 있다. 물질을 멈추고 '할머니바다'에서 바다풀을 따며 생계를 돕고 있다.

② 마라도 출신 김 씨^{1933년생, 여} 혼자 살고 있다. 물질로 생계를 돕고 있다.

③ 가파도 출신의 강 씨^{1942년생, 남}와 같은 가파도 출신의 김 씨^{1944년생, 여} 부부는 1남 1녀를 거느렸다. 가파도에서 모슬포로 이주하여 살다가 마라도로 왔다. 강 씨는 0.5톤의 배를 소유하고 있다. 김 씨는 물질로 생계를 돕고 있다.

④ 라 씨^{1933년생, 여}는 마라도에서 태어났다. 아들 하나를 거느리

고 있다. 물질로 생계를 돕고 있다.

⑤ 마라도 출신 라 씨[1943년생, 남]와 가파도 출신 김 씨[여1945년생, 여] 부부는 2남 4녀를 거느렸다. 라 씨는 0.5톤의 배를 소유하고 있다. 김 씨는 물질로 생계를 돕고 있다.

⑥ 마라도 출신 김 씨[1933년생, 남]와 마라도 출신 부인 사이에 3남 1녀를 두었다.

⑦ 민 씨[1932년생, 남]와 최 씨[1941년생, 여] 사이에 2남을 두었다. 외지에서 온 가족이다.

⑧ 제주도 화순리[안덕면] 출신 지 씨[1957년생, 남]와 마라도 출신 김 씨[1956년생, 여]는 1녀를 두었다. 지 씨는 0.5톤의 배를 소유하고 있다. 김 씨 부인은 물질로 생계를 돕고 있다.

⑨ 이 집주인 방 씨[1947년생, 남]는 동거인 두 사람을 두었다. 교회의 목사다.

⑩ 가파도 출신 조 씨[1934년생, 남]와 제주도 영락리[대정읍] 출신 이 씨[1940년생, 여] 사이에 2남 1녀를 두었다. 이 씨 부인은 물질로 생계를 돕고 있다.

⑪ 제주도 하모리[대정읍] 출신 변 씨[1927년생, 여]는 가파도로 시집을 왔다. 1남을 두었다. 남편이 사망하자 마라도로 옮겨 물질로 생계를 돕고 있다.

⑫ 제주도 청수리[한경면] 출신 김 씨[1939년생, 남]와 마라도 출신 라 씨[1935년생, 여] 사이에 3남을 두었다. 라 씨 부인은 물질로 생계를 돕고 있다.

⑬ 제주도 하모리[대정읍] 출신 김 씨[1952년생, 여]가 살고 있다. 김 씨는 30대에 남편과 사별하였다. 두 자녀를 키우기가 난감하였다.

지금의 대정읍사무소의 배려로 마라도에서 물질하며 생계를 돕고 있다.

⑭ 가파도 출신 이 씨^{1921년생, 여} 혼자 살고 있다. 지금도 물질을 하고 있는 중이다. 또 '할머니바다'에서 바다풀을 따며 생계를 돕고 있다.

⑮ 마라도 출신 라 씨^{1943년생, 남}와 제주도 출신 강 씨^{1945년생, 여}는 2남을 두었다. 강씨 부인의 물질로 생계를 돕고 있다.

⑯ 마라도 출신 이 씨^{1945년생, 남}와 마라도 출신 김 씨^{1952년생, 여} 사이에 1녀를 두었다. 김 씨 부인의 물질로 생계를 돕고 있다.

⑰ 마라도 출신 라 씨^{1923년생, 여}는 물질로 생계를 돕고 있다. 해마다 돌김도 딴다. 2남을 두었다.

⑱ 마라도 출신 김 씨^{1912년생, 여} 혼자 살고 있다. '할머니바다'에서 톳을 따며 생계를 돕고 있다.

⑲ 평양 출신 이 씨^{1921년생, 남} 혼자 살고 있다. 이 씨가 서귀포에서 사는 동안, 부인은 기독교 포교에 빠져 집안일에 관심을 두지 않았다. 이리저리 삶이 고단하여 마라도로 주거를 옮겨 마라도 전기발전기를 관리하거나 할머니바다의 일을 돌보며 생계를 돕고 있다.

그 밖에 김 씨, 최 씨, 조 씨, 박 씨는 토지소유주일 뿐, 마라도 사람들도 모르는 사람들이다. 부동산투기 바람이 마라도에도 불기 시작한 모양이다.

신앙

마라도의 성소^{聖所}는 네 곳으로 나누어져 있다. 마라도에는 1982
년에 불교의 사찰, 그리고 1987년에 기독교의 교회가 들어섰지만
논의의 범위에서 제외한다.

① 짓단: 제를 지내는 제단이라는 말이다(도34). 보통 포제^{酺祭} 또
는 천제^{天祭}라고 하여 1년에 한 번 정월달에 정기적으로 이곳
에서 유교제의^{儒敎祭儀}를 지냈다. 포제를 지내려면 우선 제청^祭
^廳을 마련하였다. 제관^{祭官}과 집사^{執事}들이 제청에 3일 동안 머
물면서 정성을 다하였다. 제관과 집사를 '제원^{祭員}'이라고 하
였다. 일단 제청에 든 제원은 바깥출입을 삼갔다.

② 별젯단: 별제^{別祭}를 지내는 제단이다. 별젯단에서 부정기적으
로 기우제^{祈雨祭}를 지냈다. 기우제에는 포제와 마찬가지로 돼
지고기 한 마리를 희생하여 제물로 올렸다.

③ 할망당: 할머니라고 하는 신을 모신 신당^{神堂}의 이름이다. 마라
도의 북서쪽 갯밭에 있다. 할망당에서는 개별적으로 무속제
의^{巫俗祭儀}를 지냈다(도35).

④ 장군바위: 마라도 남쪽에 있는 바위의 이름이다. 자연숭배의
대상물이다. 이 바위에 오르는 등 부정한 짓을 하면 장군바위
가 모진 광풍을 일으킨다고 믿었다.

①의 짓단에서는 포제 또는 천제, ②의 '별젯단'에서는 별제 또

도34 짓단(1966. 8.)
마라도 사람들은 제단을 '짓단'이라고 한다. 포제(酺祭)를 올리는 곳이다. (현용준 촬영)

도35 할망당(2017. 7. 27.)

는 기우제를 지냈다. 포제 또는 천제[이하 포제], 그리고 별제 또는 기우제는 유교제의로 지냈다. 그러니 ①과 ②는 유교제의를 올리는 성소였다. ③의 '할망당'은 무속제의로 지냈다. ④의 장군바위는 자연숭배의 대상물이다. 포제와 기우제를 지내고 나서 이곳에서 간단하게 유교제의를 올렸다.

마라도의 성소만을 두고 볼 때, 마라도에는 유교제의 제단 2개소와 무속제의 제단 1개소, 그리고 자연숭배 대상물 1개소가 있다. 유교제의로 지냈던 제물을 다시 자연숭배의 대상물인 장군바위에 올렸다는 점에서, 장군바위는 본격적인 유교제의 대상 신을 모신 곳이라고는 할 수 없다. 마라도의 유교제의, 무속제의, 그리고 자연숭배로 나누어 마라도 공동신앙을 들여다보고자 한다.

유교제의

마라도 유교제의의 성격을 드러내기 위하여 가파도와 마라도의 유교제의를 대비하여 보고자 한다. 가파도 사람들은 가파도 동남쪽 포제단에서 춘포제春酺祭와 농포제農酺祭를 지냈다. 가파도의 유교제의는 포제단 한 곳에서만 지냈던 셈이다. 가파도의 춘포제는 음력 정월의 정일丁日이나 해일亥日을 택일하여 자시子時에 지냈다. 그리고 농포제는 음력 6월 조粟의 파종을 끝내고 나서 택일하여 지냈다. 춘포제에서는 1년 동안 섬마을의 안녕, 그리고 농포제에서는 농경의 풍요를 기원하였다. 제주대학교 국어국문학과의 가파도 조사 시점인 1974년 당시, 춘포제는 지내고 있었지만 농포제는 지내지 않고 있었다고 한다.

가파도에서 포제가 끝나면 포제 제물을 포제단 옆에 진설하여 다시 유교제의를 지냈다. 이때의 유교제의를 제석제帝釋祭라고 하였다. 제석제는 포제의 제관과 집사 한 사람만으로 조촐하게 지냈다. 제의를 올리는 동안 제관은 다음과 같은 비념을 구송口誦하였다.

> 우순풍조雨順風調하게 하여주시고, 소도 밭에 들어가 농작물을 해치지 말게 하여주시고, 잡충雜蟲도 농작물에 들지 못하게 잘 막아 풍작豊作이 되게 하여주옵소서. 제석님에게 비나이다.

마라도 사람들은 포제와 기우제를 따로 지냈다. 포제가 정기적이었다면, 기우제는 비정기적이었다. 포제는 '짓단', 그리고 기우제는 '별젯단'에서 지냈다. 마라도 유교제의 제단은 나누어져 있었다.

마라도 포제는 음력 정월의 정일丁日이나 해일亥日을 택일하여 자시子時에 지냈다. 이기욱은 마라도 포제의 절차는 다음과 같다고 하였다.

> 섣달그믐 기에 부락회의를 열고 해녀회장, 이장 및 향장을 중심으로 한 마을의 공식적인 지도자들이 모여 포제를 거행하기 위한 사항을 토의하였다. 소모되는 비용의 규모와 비용의 염출방법, 제의 일정, 제관의 선정 등 제반 문제가 부락회의에서 결정되고 정월이 되면 제의에

필요한 준비를 실시해 제비祭費는 해조류미역, 톳의 채취에서 얻어지는 수입의 일부에서 마련하며 제의 일정은 노인들이 길일吉日을 따져 결정한다. 제관의 선정도 연로자들이 그 해 운수에 맞고 부정을 타지 않는 사람을 선정한다. 시신屍身을 접하거나 가정에서 해산을 맞은 사람은 포제에서의 참석이 금지되므로 우선 이러한 사람은 제관에서 제외된다. 축사관祝辭官과 집사관執事官을 포함해서 제관은 5인으로 구성되는데 일단 제관으로 선정되면 이들은 입제일제일 3일 전에 제의를 주관하는 집에 모여 합숙하면서 3일간 근신한다. 제일이 가까워지면 뒷동산에 포제단을 세우고 제물을 준비한다. 제물로는 돼지 1마리, 수탉 1마리, 성선, 건과대추, 밤, 쌀밥이 준비되는데 밥 이외에는 모두 날 것을 올린다. 돼지는 통째로 올리는데 천신에게 드리는 가장 소중한 제물로 여겨지고 있다. 예정된 날 포제단에서 천신을 위해 드리는 제가 자정에 시작하여 제의 절차에 따라 진행되어 끝난다. 특히 축제관은 축문을 낭송하며 천신이 정성스럽게 마련된 제물을 기꺼이 받아들이고 한 해 동안 부락 내의 안녕과 풍요를 가져다 줄 것을 기원한다.

- 이기욱(1984), 190~191쪽.

그리고 기우제는 가뭄으로 섬이 타들어갈 때 중의衆議를 모아 부정기적으로 지냈다. 포제에서는 1년 동안 섬마을의 안녕, 그리고 기우제에서는 말 그대로 비雨 내리기를 기원하였다.

마라도에서 유교제의가 끝날 때마다 제단에 올렸던 제물을 다시 갖추고 장군바위 앞에 진설하여 조촐하게 유교제의를 지냈다. 이를 '신선하르방제'라고 하였다. 신선하르방제는 제관과 집사 한 사람만으로 지냈다. 제를 올리는 동안 제관은 다음과 같은 비념을 올렸다.

　　신선하르바님, 큰 ㅂ름^{바람} 막아줍서.

　마라도 유교제의는 1년 동안 섬마을의 안녕을 기원하는 포제, 그리고 비를 기원하는 기우제를 지냈다. 포제는 짓단, 그리고 기우제는 별젯단에서 지냈다. 그리고 유교제의가 끝난 후에 장군바위에서 '신선하르방제'를 지냈다. 마라도 유교제의를 통하여 섬마을의 안녕과 기우, 그리고 풍해방지^{風害防止}를 기원하였던 셈이다.

무속제의

　마라도 사람들은 할망당에서 무속제의를 지냈다. 마라도 사람들은 이곳을 '일뤠본향'이라고도 하였다. 일뤠본향은 '일뤠'과 '본향'으로 이루어진 말이다. 제주도에서 '일뤠당'은 매달 초이레, 열이레, 스무이레에 가는 당이다. 또 일뤠당의 신은 어린 아기를 잘 키워주고 안질, 피부병, 그리고 설사병 등을 고쳐주는 신이다. 제주도에서 본향^{本鄕}은 마을의 토지, 주민의 생산, 호적, 장적^{帳籍} 등 모든 것을 차지하여 수호해주는 신의 이름이다. 이런 신을 모신 당을 '본향당'이라 한다.

　마라도에서는 '할망당'을 일뤠본향이라 하고 있으니, 이 신은 어린이를 잘 키워주는 육아신임과 동시에 마을의 모든 것을 지켜주는 본향신인 셈이다. 이곳에서 무속제의를 올릴 때는 메 한 그릇만 올렸다.

그러나 두 그릇의 메를 올릴 때도 있었다. 바로 해녀들이 용왕龍王에게, 또는 배를 부리는 어부들이 선왕船王에게 무속제의를 지낼 때이다. 이 무속제의가 끝나고 나면 반드시 '지드림'을 하였다. 신당에 올렸던 음식을 백지에 조금씩 떠 놓아 싸는데, 이를 '지'라고 하였다. 지는 백지白紙의 지紙에서 온 말이다. 이것을 바다에 드리는 것이 지드림이다. 지는 용왕 몫으로 드리는 '용왕지', 선왕 몫으로 드리는 '선왕지', 바다에서 죽은 조상 영혼의 몫으로 드리는 '영게지', 그리고 무속제의를 올리는 본인 몫으로 드리는 '몸지'가 있었다. 무속제의를 올리는 집안의 형편에 맞게 지드림을 하는 것이다. 지드림은 바다의 신을 위한 제의에서만 이루어졌다.

당신의 출생에서부터 신당에 좌정할 때까지의 유래, 식성, 성격, 기능 등을 설명하는 당신본풀이가 있다. 본풀이란 신의 내력담來歷譚으로 신화神話를 뜻하는 말이다.

제주대학교 국어국문학과는 1974년 8월에 가파도를 답사하여 그 보고서를 남겼다. 그 속에 〈처녀본향당〉이라는 전설이 들어 있다. 마라도 할망당의 본풀이다. 그 전승자는 가파도의 최덕환 씨1898년생, 여였다. 그 내용의 대강은 다음과 같다.

마라도에 입경入耕이 이루어지기 전에는 바다가 어떻게 풍성하였던지 전복과 구제기가 무진장이었다. 가파도에서는 물론 모슬포에서도 해녀들이 많이 다녔다. 오래 전 어느 초겨울이었다. 모슬포에서 많은 해녀들이 배에 식량을 싣고 마라도에 들어갔다. 해녀들은 아기를 돌볼 비바리어린 소녀 한 사람도 데리고 갔다. 이런 비바리를 두고 '아기업개'라고 하였다. 날씨가 여러 날 세어 물질할 수 없었다. 게다가 식량도 다 떨어져 큰 걱정이었다.

그런데 어느 날 밤에 상군 해녀가 꿈을 꾸었다. 이 섬을 떠나려면 아기업개를 섬에 놓아두고 떠나야 한다는 것이었다. 그렇지 않으면 배는 도중에 파선하고, 모두는 고기밥이 된다는 것이었다. 상군 해녀는 꿈의 내용을 사공과 여러 해녀들에게 들려주었다.

여러 해녀와 사공까지도 모두 의견이 돌았는데, 이 아기업개를 희생시키는 수밖에 없다는 것이었다.

갑자기 날씨가 좋았다. 해녀들이 마라도를 떠나려고 바닷가로 내려가 배에 올랐다. 바위 위에 흰 기저귀를 놓아두었다. 상군 해녀는 아기업개에게 "뛰어가서 저 기저귀를 가지고 오라."고 하였다.

아기업개는 기저귀를 주워오려고 뛰어갔다. 그러자 닻을 걷어 올리고 배를 띄워버렸다. 아기업개만 마라도에 남겨둔 채 동남풍을 타고 모슬포 쪽으로 사라져버렸다. 아기업개는 마라도에서 발버둥쳐보았지만, 결국 해녀들의 눈에서 멀어져버렸다.

겨울이 지나고 새봄이 왔다. 다시 모슬포의 해녀들이 물질하러 마라도에 갔다. 아기업개가 발버둥쳤던 바로 그곳에 아기업개의 뼈만 앙상하게 남아 있었다.

해녀들은 아기업개의 넋이나마 위로하려고 그 자리에 신당을 세웠다.
- 제주대학교 탐라문화연구소(1990), 548~549쪽.

마라도에 물질을 갔던 해녀들과 뱃사공이 절해를 넘어 안전하게 제주도의 모슬포로 귀향하려고 신에게 아기업개를 인신공희人身供犧하였다. 인신공희의 제물이나 다름없었던 아기업개는 지금 마라도의 당신堂神이 되었다. 인신공희의 제물로 바쳤던 영혼을 섬 마을의 수호신으로 모시는 사례는 한반도 주변의 절해고도인 흑산도와 울릉도에서도 전승되고 있다.

• **흑산도의 총각화장**總角火匠: 흑산도에는 해신당이 있다. 이 해신당 주변 '당끗'이라는 곳은, 예로부터 이 섬을 오가는 상선商船들의 선착장이었다. 해신당은 '용신당龍神堂'과 '상당上堂'으로 짜여졌다. 용신당은 선착장 가까운 곳에, 그리고 상당은 바로 그 위쪽에 있다. 그리고 상당의 마당에는 총각화장이라는 주인공이 묻혀있는 무덤이 있다. 상당에 모신 신을 '당堂각시', 그리고 마당에 있는 무덤의 주인공을 '총각화장'이라고 한다. 당각시와 총각화장의 이야기는 다음과 같이 전승된다.

당각시는 생전에 결혼하여 행복하게 살고 있었다. 그런데 배를 타고 고기 잡으러 바다로 나갔던 남편이 풍랑에 죽고 말았다. 당각시는 그 슬픔을 이겨낼 수 없어 목을 매어 죽었다. 마라도 사람들은 상당을 지어 당각시의 원혼을 모셨다. 마라도 사람들은 상당에 모셔 있는 당각시에게 풍어를 빌었다.

총각화장은 옹기를 파는 상선을 타고 흑산도에 왔다. 그가 피리를 불면 바다도 잔잔하고 고기도 많이 잡혔다. 옹기 상선이 떠나려고 할 때

마다 당각시는 풍랑을 일으켜 배가 떠나지 못하게 조화를 부렸다. 상선 선장의 꿈에 당각시가 나타나 총각화장을 떼어놓고 떠나야 풍랑이 잘 것이고, 또 이 섬을 안전하게 벗어날 수 있다고 하였다. 상선의 선장은 그 꿈의 계시에 따라 총각화장을 떼어놓고 흑산도를 떠나버렸다. 총각화장은 상당의 언덕에서 죽고 말았다. 지금 상당의 마당에 총각화장의 무덤이 있다.

화장은 배에서 밥을 짓는 어린 선원이다. 여러 선원들은 옹기를 팔려고 섬 여기저기로 뿔뿔이 흩어졌고, 총각화장은 혼자 배에 남아 피리를 불고 있었던 모양이다. 파도가 일어 상선의 출항이 오랫동안 묶이자 당각시에게 총각화장을 희생으로 바쳤던 것이다. 인신공희의 제물이나 다름없었던 총각화장은 상당의 마당에 무덤으로 남아 있다.

• 울릉도의 동남동녀童男童女: 울릉도 서면 태하리에는 성하신당聖霞神堂이 있다. 이 신당의 신도 애절한 사연을 간직하고 있다.《울릉군지鬱陵郡誌》1988년는 그 사연의 줄거리를 다음과 같이 소개하고 있다.

조선왕조 태종 때1137년 삼척사람 김인우는 안무사로 명을 받아 울릉도의 섬사람들을 쇄환刷還하려고 병선 2척을 몰고 갔다. 내일이면 섬사람들을 병선에 태우고 이 섬을 떠날 참이었다. 그날 밤 김인우는 기이한 꿈을 꾸었다. 해신海神이 꿈에 나타나 동남동녀童男童女를 이 섬에 남겨

두고 떠나라는 것이었다. 안무사는 대수롭지 않게 생각하였다. 이튿날 예상치 않았던 풍파가 일었고, 또 출선出船을 포기할 수밖에 없었다. 날이 지날수록 풍파의 기세는 꺾이지 않았다. 안무사는 며칠 전 꿈의 계시가 떠올랐다. 안무사는 섬사람들을 모두 불러 모아놓고, 동남동녀에게만 필묵筆墨을 놓고 왔으니 가지고 올 것을 명하였다. 동남동녀가 필묵을 가지러 떠나자마자 풍랑은 멎었고, 섬사람을 태운 병선은 울릉도를 떠나버렸다. 동남동녀는 아무리 찾아도 필묵이 보이지 않았다. 동남동녀가 포구로 왔을 때 병선은 벌써 수평선을 넘어서고 있었다. 안무사는 무사히 귀국하여 섬사람들의 쇄환을 복명復命하였다. 안무사는 동남동녀를 남겨두고 온 죄의식이 늘 마음속에 남아 괴로웠다. 안무사는 몇 년 후에 울릉도를 찾아갔다. 지금의 태하동 성하신당의 자리에 동남동녀는 백골이 되어 꼭 껴안은 채로 있었다. 안무사는 그곳에 사당祠堂을 지어 동남동녀의 원혼을 모시고 돌아왔다.

지금도 이 신당에서는 동남동녀의 신에게 매년 음력 2월 28일에 정기적으로 제의를 올리며 풍농과 풍어를 빌고 있다.

- 울릉군(1988), 378~379쪽.

마라도의 아기업개, 흑산도의 총각화장, 그리고 울릉도의 동남동녀는 모두 인신공희의 제물의 대상이었다. 마라도에는 뱃사공과 해녀들이 물질을 갔다가 용왕이 나타난 꿈의 계시에 따라 애기업개를 제물로 바쳤다. 흑산도에서는 상선의 선장과 선원이 항아리를 팔러 갔다가 당각시의 꿈의 계시에 따라 총각화장을 제물로 바쳤다. 그리고 김인우는 조선왕조의 울릉도 공도정책空島政策에 따라 울릉도 사람들을 쇄환하러 갔다가 해신海神이 꿈에 나타난 계시에 따라 동남동녀를 제물로 바쳤다.

거석숭배巨石崇拜

마라도 동남쪽에 '장군바위'가 있다. 마라도 사람들은 이 바위를 신령스럽게 여겨왔다. 어느 누구라도 이 바위 중간쯤에 오르면 중간 크기의 놀이 불고, 끝까지 오르면 큰 놀이 분다고 믿었다. 그러니 마라도 사람들은 장군바위를 신성하게 여겨 그 가까이에서도 언동을 조심하였다. 그리고 포제와 기우제를 올리고 나서 제물을 마련하여 다시 이곳에서 유교제의를 올렸다. 제의의 목적은 풍해방지였다. 마라도의 풍해는 장군바위의 조화造化라고 믿었기 때문이다. 제주도와 가파도에도 거석을 숭배하는 사례가 전승된다.

• 두럭산: 제주도 김녕리구좌읍 바다에 떠 있는 자그마한 바위의 이름이다. 이 마을 동쪽 갯밭에는 '덩개웃소, 멜석은소, 하녀웃소'라는 돌담으로 둘러 만든 어로시설이 있다. 이곳에서 썰물 때 바다를 잘 살피다 보면 자그마한 바위가 드러난다. 마을 사람들은 이 바위를 두고 '두럭산'이라고 한다(도36). 두럭산은 바닷물에 떠 있는 셈이다. 마을 사람들은 바다에 떠 있는 이 산을 숭배한다. 산 위에서 고기를 낚는 일, 해녀들이 그 주변에서 물질하는 일을 가급적 멀리하였다. 두럭산에 대한 다음

의 전설이 전승된다.

제주도에서는 산을 거의 '오름'이라 부른다. 그런데 개중에는 '산'이라
부르는 것이 다섯 개 있으니, 그것을 제주의 오대산五大山이라고 한다.
그것은 다음과 같다.

① 제주도의 한라산漢拏山

② 성산읍 성산리에 있는 성산城山

③ 표선면 성읍리에 있는 영주산瀛洲山

④ 안덕면 사계리에 있는 산방산山房山

⑤ 구좌읍 김녕리 바다에 있는 두럭산

그런데 두럭산은 산이라 할 만한 것이 못 된다. 이것은 바다에 떠 있는
자그마한 바위이기 때문이다. 그런데도 이것을 산이라고 하고 있다.

이 두럭산은 한라산과 서로 대對가 되는 산이라 한다. 한라산은 영산靈山
이어서 운이 돌아오면 장군이 난다고 한다. 한라산에서 장군이 나면,
두럭산에서는 이 장군이 탈 용마龍馬가 난다고 한다.

그래서 두럭산을 신성한 바위로 생각해서 그 가까이에서는 언동言動을
조심한다. 만일 해녀들이 바다에 나갔다가 이 두럭산에서 큰소리를 지
르면, 바다에는 풍랑이 일어 곤경에 빠진다고 한다.

옛날 제주도에 설문대할망이라는 키가 매우 큰 할머니가 있었는데, 이
할머니가 한라산과 성산일출봉에 두 발을 놓고 앉아 이 두럭산에 빨래
를 놓고 빨았다고 한다.

- 제주도(1985), 169쪽.

도36 두럭산(2017. 7. 22.)
제주도 김녕리(구좌읍) '멜석은소'에서 본 두럭산이다. 두럭산은 바다 위에 떠 있는 셈이다.

- 셍이동산: 제주도 하도리^{구좌읍} '빌렛개'라는 포구 주변에 있는 자
  그마한 동산의 이름이다. '셍이동산'은 '셍이'와 '동산'으로 이
  루어진 말이다. '셍이'는 참새의 제주도 말이다. 그러니 셍이
  동산은 참새처럼 자그마한 동산이라는 말이다.

  '빌렛개'는 이 마을 서동 사람들 갯밭에 있는 포구의 이름이
  다. 너럭바위인 '빌레' 틈에 있는 포구이기에 빌렛개라고 한
  다. 빌렛개는 '가름소코지'와 '흰모살개' 사이 후미진 곳에 있
  다. 포구의 앞바다에는 '소여'가 떠 있어 파도막이 구실을 한
  다. 그 안쪽은 제법 수심이 깊어 보인다. 이곳을 '소여통'이라
  고 한다. 사디 썰물 때라도 배를 붙여둘 만한 곳이다. 소여통

155

안쪽에는 어로시설인 '낙짓개'가 있다. 그러니 어로시설인 개의 돌담 사이로 배가 드나드는 길목이 나 있다. 그 안에는 배를 들여 매는 곳을 둘 마련하였다.

배를 매는 곳은 조간대 상층에, 그리고 소여통은 조간대 하층에 걸쳐 있다. 그러니 조간대 상층의 배를 매는 곳을 '안개', 소여통을 '밧개'라고 한다. 밧개는 바깥에 있는 포구라는 말이다. 너럭바위 틈에 어렵게 포구를 마련한 셈이다.

그 주변에 셍이동산이 있다. 말 그대로 보잘것없는 동산이다. 마을 사람들은 이 동산에 오르는 것을 금기하며 숭배한다. 어느 누구나 이 동산에 오르기만 하면 하늬바람이 터지고, 이 포구로 배를 잘 들여 맬 수도 없게 된다고 믿는다. 이 금기를 모른 사람이 혹 실수하여 이 동산에 오르면, 이를 본 마을의 어부와 해녀로부터 욕설을 듣고 만다.

• 할망당: 제주도 하도리^{구좌읍}에는 천연기념물 제19호로 지정된 문주란 자생지인 섬이 있다. 마을 사람들은 이 섬을 두고 '난드리여'라고 한다. '당목'이라는 갯밭에서부터 '난드리여'까지 폭 2.8m, 높이 1.4m ㄷ자 모양의 돌담이 100m 안팎으로 가로 놓여 있다. 썰물에는 이 돌담을 따라 걸어서 섬까지 들어갈 수 있다. 그 섬 남동쪽에 '할망당'이라고 이르는 커다란 바위가 있다(도37). 이 바위에 오르면 신이 조화를 부려 바람을 크게 일으키고, 또 거센 풍랑이 덮친다고 한다. 그러니 어느 누구라도 할망당이라는 바위에 오르기를 꺼린다. 이름이 할망당이지만

이곳에 당신을 모시고 있거나 제의를 올리는 것은 아니다.

- 까메귀돌: 가파도 남쪽에 '황개'라는 포구가 있다. 그 바깥에 동서로 바윗돌이 길게 늘어서 있다. 이를 '뒷성'이라고 이른다. 이 바윗돌을 의지하여 황개라는 포구를 만든 셈이다. 이 바윗돌은 바로 황개를 포구이게 한 천연적인 방파제 구실을 하는 성城이나 다름없다. 그 한가운데 커다란 바윗돌이 하나 서 있다. 이를 두고 '까메귀돌'이라고 한다. '까메귀'는 '까마귀'의 제주도 말이다. 제주대학교 국어국문학과는 1974년 8월에 가파도를 답사하여 그 보고서를 남겼다. 그 속에 이 돌에 얽힌 전설이 들어 있

도37 할망당(2017. 7. 23.)
당목에서 본 '난드리여'의 '할망당'이다. 당목과 난드리여 사이에 돌담으로 다리[橋]를 놓았다. 이 다리를 '난드리'라고 이른다.

다. 그 전설의 전승자는 가파도의 김창화 씨^{1910년생, 남}였다. 그 내용의 대강은 다음과 같다.

> 1974년 8월 초순, 제주해운국에서 가파도 해안에 한 지점을 표지^{標識}할 필요가 있어 가파도 사방 몇 군데에 하얀 페인트를 바를 일이 있었다. 이때 제주해운국의 한 직원이 이 바윗돌에 올라갔다. 그로부터 3일 후에 태풍이 불고 말았다. 그들은 그날 무사히 이 섬을 떠날 수 있었지만, 그때 이 섬의 어선은 태풍으로 몇 척 뒤집혔고, 농작물이 말라죽는 등 많은 피해를 입었다.
> – 제주대학교 탐라문화연구소(1990), 542쪽.

• 왕돌: 가파도 북서쪽에 '아끈여'라는 갯밭이 있다. 그곳에 '왕돌'이라고 이르는 큰 바윗돌이 하나 서 있다. 달리 '큰돌'이라고도 한다. 이 바윗돌에 사람이 오르면 큰 바람이 불고 만다. 제주대학교 국어국문학과가 1974년 8월에 가파도를 답사하여 작성한 보고서 속에 다음과 같은 전설이 들어 있다.

> 오래 전 이 섬에 찾아왔던 학생들이 이 왕돌에 올랐던 적이 있다. 돌연히 날씨가 거칠어지고 파도가 일어 배가 뒤집혔다. 그러기 때문에 가파도에서 큰 바람이 불고 바다가 거칠어지면 까메귀돌이나 왕돌에 누가 함부로 올라갔기 때문이 아닌가 하고 의심한다.
> – 제주대학교 탐라문화연구소(1990), 542쪽.

마무리

마무리

제주도 사람들은 마라도를 '말에섬'이라고 하였다. '말'은 끝의 의미를 지닌 한자어 '말末'이니, 말에섬은 제주도 끝에 있는 섬이라는 말이다. 그 후 말에섬은 한자를 차용하여 마라도가 되었다. 마라도의 역사와 민속의 대강은 다음과 같이 요약된다.

1장 역사의 경우다. 제주도의 문헌들 속에는 마라도에 대한 내용이 여기저기 들어 있는데, 5가지로 요약이 가능하다.

① 석벽이 드높고 험하니 배를 붙일 곳이 없다石壁嵯峨 不得泊舟.
② 귤나무 또는 나무숲이 무성하고 빽빽하다橘柚, 林木茂密.
③ 큰 뱀이 많다大蛇盤蜒.
④ 망종 전에 어채선을 금한다芒種前 禁漁採船.

⑤ 학사천學士泉이 있다.

마라도는 석벽이 드높고 험하기 때문에 포구가 없다. 선착장이 5곳으로 나누어져 있음도 석벽이 드높고 험하기 때문이다. 마라도에 입경入耕이 이루어지기 전에는 나무숲이 무성하였다. 큰 뱀도 많았다. 나무숲이 무성하니 샘물도 흘렀다. 그 샘을 '섬비물'이라고 하였다. 입경을 위하여 나무숲을 쳐내어 켓밭이라는 목장지대와 농경지대를 마련하게 되자, 뱀들은 마라도를 떠났고, 섬비물도 말라 버렸다. 문헌에서는 이 샘물을 '학사천學士泉'이라고 하였다. 학사천은 선비[學士]의 뜻을 차용한 말이다.

마라도의 입경은 1883년부터 시작되었다. 입경 전까지만 하더라도 "망종 전에 어채선을 금"하였지만, 입경 후에는 그러한 관습도 자취를 감추게 되었다.

2장 민속지리의 경우다. 마라도 사람들은 마라도 갯밭을 일구며 삶을 꾸리는 동안 갯밭마다 이름을 지어놓았다. 마라도 갯밭을 4구역으로 나누어 그 이름들을 조사하고 지도에 나타내었다. 마라도에서 밀물은 동쪽에서 서쪽으로, 썰물은 서쪽에서 동쪽으로 흐른다. 마라도 해녀들이 조류와 바람에 적응하는 능력을 들여다보았다.

3장 생산기술과 민속의 경우다. 마라도의 생산기술과 민속은 농경기술, 목축기술, 어로기술로 나누어 들여다보았다. 마라도 농

업기술과 민속의 특징은 다음과 같이 요약될 수 있다.

첫째, 제주도의 보리 파종은 북부지역인 경우 상강霜降 이후, 그리고 남부지역인 경우 소설小雪 안팎에 이루어졌다. 그러나 마라도는 최남단이면서도 상강 이전에 파종을 끝냈다. 이는 북풍이 오기 전에 보리의 성장을 충분히 이루어놓으려는 지혜의 소산이었다. 그리고 보리를 파종하고 흙덩이를 바수는 일을 삼갔다. 이는 게을러서가 아니고 흙덩이를 어린 보리 새싹의 바람막이로 삼아야 했기 때문이다.

둘째, 제주도의 서남부지역 보리 파종이 '돗거름'과 씨앗의 혼합 파종이라면, 동북부지역은 '돗거름'과 씨앗의 분리 파종이었다. 그런데 마라도는 제주도의 서남부지역이면서도 '돗거름'과 씨앗을 분리 파종하고 있다는 점이다.

셋째, 산간지역에서만 이루어졌던 메밀 파종이 마라도에서도 이루어졌다는 점이다. 그 파종기술은 제주도의 그것과 크게 다르지 않았다.

마라도 사람들은 마라도 북쪽에 '켓밭'이라는 공동소유의 목장에서 소를 길렀다. 소를 기르는 목적은 우분牛糞을 확보하기 위한 수단도 크게 작용하였다는 점을 눈여겨볼 만하다. 우분으로 '쇠똥떡'을 만들어 땔감으로 활용하였으니 말이다.

마라도의 어로기술과 민속은 다음 표와 같이 요약될 수 있다.

마라도의 갯밭과 점심대漸深帶의 바다풀과 조개류 채취는 여성 중심, 그리고 갯밭과 점심대의 고기잡이는 남성 중심으로 이루어졌다. 갯밭의 톳과 몸, 그리고 점심대의 감태와 미역 채취에서 남

채포물에 따른 마라도의 어로기술과 민속

채포물	어장	어기(음)	어법(어구)	어로주체 (보조)	쓰임
올림이	조간대(몸통)	연중	갯밭(맨손)	남·여	거름
돌김	조간대(상)	겨울	갯밭(맨손)	여	판매
미역새	조간대(중)	정월	갯밭(맨손)	여	자급자족
가시리	조간대(상)	2월	갯밭(맨손)	여	자급자족
톳	조간대(중)	정월	갯밭(정게호미)	여(남)	판매
미역	점심대	3월	잠수(정게호미)	여(남)	판매
몸	점심대	2월	잠수(정게호미)	여(남)	거름
먹는몸	점심대	정월	잠수(정게호미)	여	자급자족
우미	점심대	4월	잠수(맨손)	여	자급자족
감태	점심대	7월	잠수(맨손)	여(남)	판매
빗	점심대	연중	잠수(빗창)	여	판매
구제기	점심대	연중	잠수(맨손)	여	판매
바르	점심대	연중	갯밭·잠수(빗창·바르골갱이)	여	자급자족
귀살	점심대	연중	갯밭·잠수(귀살골갱이)	여	자급자족·판매
미	점심대	겨울	잠수(맨손)	여	자급자족·판매
다금바리	점심대	연중	낚시(덕낚시)	남	자급자족
고래미	점심대	연중	그물(덕그물)	남	자급자족
상어	점심대	정월~4월	그물	남	판매
상어	점심대	5월	잠수(거낫)	여(남)	판매
자리	점심대	봄	그물(덕사둘)	남	자급자족
가다리	점심대	여름	낚시(끌낚시)	남	판매
방어	점심대	겨울	낚시	남	판매

성은 보조자에 지나지 않았다. 그리고 갯밭의 풍조風藻인 '올림이'
는 남녀 공동으로 채취하였다. 다만 산란기 상어를 '거낫'이라는
어구로 잡는 일은 여성 중심으로 이루어졌다는 점이 돋보인다. 이
때는 상어의 활동이 무디어 남성들이 그물로 잡을 수 없다.

마라도는 해녀노래가 없는 섬이다. 해녀노래를 부르면서 멀리
까지 헤엄쳐나가는 일이 없기 때문이다. 그리고 해녀들이 '소살'
로 고기를 쏘아 잡는 일이 없다. 식인상어가 물고기의 피 냄새를
쫓아 해녀를 해칠 위험성이 높았기 때문이다.

4장 의식주의 경우다. 마라도 의생활에서 전통복식은 제주도의
경우와 같았다. 다만, 세탁 방법에서 물 없이 빨래하는 '마른빨래'
가 전승되었다는 점이 돋보인다. 또한 마라도 식생활 도구로 전복
껍데기를 이용한 '겁넝솥'과 홍합껍데기로 숟가락을 만들었다는
점이 돋보인다. 마라도의 주생활에서 민가는 제주도의 경우와 같
았다. 다만 우분牛糞을 재료로 한 '쇠똥떡' 땔감이 전승되었다는 점
이 돋보인다.

5장 사회와 신앙의 경우다.

마라도는 마라도 안에서 이루어지는 촌내혼村內婚보다 마라도 바
깥사람과 혼사婚事가 이루어지는 촌외혼村外婚이 많았다.

마라도에서는 포제와 기우제를 지내는 제단이 달랐고, 또 풍해
방지를 위하여 장군바위에 유교제의를 지냈다는 점이 돋보였다.
마라도는 물이 귀한 섬, 그리고 풍해가 큰 섬이기에 마라도 사람

들은 유교제의를 통하여 이를 극복하려고 하였던 것이다.

　마라도 무속제의의 대상인 할망당은 땅의 세계를 관장하는 본향신이면서, 바다의 세계를 관장하는 신, 그리고 아이의 양육을 지켜주는 신이다. 무속제의의 대상인 하나의 신이 세 가지의 복합기능을 하고 있는 셈이다. 마라도 할망당 본풀이의 주인공인 아기업개, 흑산도의 총각화장, 그리고 울릉도의 동남동녀는 절해고도에서 인신공희 대상이었고, 지금은 절해고도의 무속 신으로 모셔지고 있음을 알 수 있다.

　마라도의 장군바위, 그리고 제주도의 두럭산, 셍이동산, 할망당, 그리고 가파도의 까메귀돌과 왕돌은 거석숭배의 신앙 대상물이었다. 인간들이 금기를 어기면 거석ᅙᅳ은 풍랑으로 조화를 부린다고 믿었다. 제주도와 가파도의 거석숭배는 금기의 대상물일 뿐 제의의 대상은 아니었다. 그러나 마라도의 장군바위는 금기의 대상은 물론 유교제의의 대상이었다. 마라도 사람들에게 있어서 거석숭배는 금기의 범위를 넘어 신앙으로까지 승화하였다. 그만큼 마라도 사람들에게 있어 풍랑은 절실한 존재였음을 알 수 있다.

加波島·馬羅島 沿革

*이 글은 가파도 출신 김창화金昌化 씨의 기록이다. 김 씨는 가파도
와 마라도의 전설을 제법 제보하였다. 제주대학교 국어국문학과는
1974년 8월 23일부터 8월 26일까지 3박 4일 동안 가파도에서 학술
조사를 이루어《보고서》를 만들었다. 그 속에는 〈설화說話〉도 포함
되었다. 이때 김 씨는 여러 편의 설화를 제공하기도 하였다.

　김 씨는《가파도·마라도 연혁》의 자료를 수집하려고 애를 썼음
이 글 속에 숨어 있다. 이 글의 이해를 위하여 필자는 띄엄띄엄 주
석을 달았다. 연혁은 종서縱書로 이루어졌지만 횡서橫書로 고쳐 썼
다. 또 맞춤법과 띄어쓰기에 맞게 고쳐 썼다.

島嶼

　加波島는 大靜邑 下摹里 앞바다에 있는데 地勢가 編平하고[1] 周
圍가 十餘里나 된다. 英宗[2] 一八一一年 辛未年 牧使 鄭彦儒가 여
기에 牧場을 設置하고 黑牛 五十頭를 放牧하여 進上에 供하였다.
憲宗 一八四〇年 庚子年 英艦이 와서 소를 掠奪하고 배에 실었으
므로 大靜縣監 姜繼遇가 작은 배로 가서 그 情을 묻고자 하였더니

---

1) 扁平의 誤記인 듯하다.
2) 純祖의 誤記인 듯하다.

英艦은 大砲를 連發하고 떠나버렸다.

西紀一八四二年 壬寅年 소를 毛童場 大靜邑 武陵里로 옮기고 牧使 李源祚가 地方民에게 入耕하게 하였다.[3] 現在는 큰 村落이 이루었으며 海産物이 豐富하지만 附近에는 暗礁가 많고 潮流가 急해서 船舶往來가 不便하다.

加波島

本島는 大靜面 摹瑟浦 前方 大洋 三十餘里에 在한 바, 元來 無人島로서 國有牛馬牧場이러니 憲宗八年 壬寅年에 舊左面 牛島[4]와 共히 住民함을 許可하였으니 地質이 肥沃하여 農地에 適當하므로 現在 居住家屋 數는 百餘에 達하고 있다.

---

3) 김 씨는 제주대학 국어국문학과 학술조사단에게 〈加波島 開耕入住〉에 대한 다음의 전설을 제공하였다.

"本是 이 섬에는 사람이 살지 않더니 英祖 26년(1751)에 제주목사 鄭彦儒가 진상용 黑牛 50頭를 방목하여 오다가 100년도 못 가서 憲宗 6년(1840)에 英國艦船이 來襲하여 畜牛를 掠奪逃走 이후로는 목장은 廢場되고, 이어 2년 뒤인 憲宗 8년에 朝廷의 허가를 받고 開耕入住할 때 상·하모리 거주가 강 씨, 양 씨, 라 씨, 김 씨, 이 씨, 정 씨, 문 씨 기타를 합쳐 33인이 입주하였다. 입주할 때 마라도에는 나무가 무성하였지만 목장이었던 加波島에는 나무가 하나도 없었다. 開耕入住 時 이 섬에는 소[牛]들이 있었는데 그 소들은 들소 [野牛]가 되어 있어서 暴惡하여 사람에게 危害를 加하기 때문에 모두 없애 버렸다고 한다."

4) 우도는 1914년 '제주군 구좌면 연평리'라고 하고, 1946년 '북제주군 구좌읍 연평리'라고 하였다. 1963년 12월에 연평출장소가 설치되었고, 1986년 4월 1일 구좌읍 연평출장소가 우도면(牛島面)으로 승격되었다.

摩羅島(馬羅島)

本島는 大靜邑 前方 大海에 在하니 元來 無人島이나 一八八二
年 癸未年에[5] 開耕住民함을 許可하였으며, 一九一四年 燈臺施設
以後 人家가 增加하다.

加波島 潛水器漁業과 고구마 傳來

日本 九州地方 漁民들은 일찍 加波島 近海에 전복, 소라 等 水
産物이 豊富한 것을 探知하고 密漁를 일삼다가 西紀一八八六年
乙酉年에 潛水器로 裝備된 漁船團 十二隻을 가지고 加波島 黃浦
에[6] 來泊하여 幕舍를 짓고 여기를 根據地로 하여 전복, 소라, 해
삼 등을 盜採하고 日本으로 가져갔는데, 이것이 濟州島 潛水器漁
業이 始作이 되었으며, 西紀一八八七年 丙戌年 그들에 依하여 고
구마가 傳來하였고 島民들도 고구마 栽培法을 알게 되었다.

멸치漁業 傳來

西紀一九三六年 沿海漁業 멸치 漁撈法 導入 濟州島 全域에 멸
치 漁撈發展이 始作되다.

멸치 漁撈法 導入者 金泰能.

───

5) 癸未年은 1883년이니, 入耕이 1882년에 이루어졌다는 것은 誤記인 듯하다.
6) 黃浦는 '황개'의 한자를 차용한 표기이다.

獨立抗爭鬪士 大衆黨 最高委員

金成淑 先生은 加波島 出身으로서 己未年 獨立萬歲運動에 加擔하였다가 서울에서 옥고를 치르고 귀향하여 加波島에서 辛酉義塾을 창설하여 민족교육을 實施하여 帽標마저도 無窮花로 하였다. 당시 加波島에는 男女老少할 것 없이 교육을 받아 文盲을 一掃하였다. 先生님은 獨立運動에 뜻을 두어 여러 차례 獄苦를 치렀으며 시종일관 항쟁하시었다.

선구자 金漢貞 先生

金漢貞 先生님은 加波島 出身으로 辛酉義塾이 설립되자 八年間을 加波住民들의 교육과 이곳의 문화향상에 있어서 靑年夜學, 婦女夜學에 온몸을 던진 항일투쟁의 선구자이다.

西紀一九三二年 日本人 주재원이 海女들에 대한 착취를 일삼자 마침내 다구지 도사(島司)에게 돌을 던지어 항의하고 경찰주재소를 습격하여 일제에 대한 정면 항쟁을 벌였던 세화리 해녀투쟁이 일어났다. 이 사건 이후 제주도에는 대대적인 검거 선풍이 일어나는데, 一九三〇年 제주도적으로 항일 민족해방 투쟁에 앞장섰던 金漢貞은 일경에 검거되었다. 이 사건으로 五年의 징역을 선고받아 木浦지청에서 복역 후 一九三五年 석방 이후 고향 加波島에 돌아와 黃浦築港間城 및 築港 補修 등 地方發展에 無限히 努力하시었다.

先生님은 一九四六年 삼천포 여수객선 침몰사건에 사망하셨다. 장례식은 전 도민의 애도 속에 도내의 명사들과 가파도 전 주민의 참여하여 성황리에 엄숙히 치렀다.

加波島

憲宗八年 西紀一八四二年 壬寅年 加波島 最初開耕者 左記 三十三人의 名單은 如左함.

漢陽趙氏 趙昌奎 祖父

濟州高氏 高千年 祖父

淸州鄭氏 鄭萬年 祖父

慶州金氏 金四淵 曾祖

慶州金氏 金斗万 曾祖

慶州金氏 金乙伯 高祖

慶州金氏 金昌諱 曾祖

南陽洪氏 李太鳳 外曾祖

古阜李氏 李八聽

濟州高氏 高未生 祖父

濟州高氏 高一龍 祖父

平壤皇甫氏 皇甫官 祖父

漢陽趙氏 趙字文 祖父

古阜李氏 李在順 祖父

慶州金氏 金漢信 曾祖

古阜李氏 李元芳 祖父

古阜李氏 李正三 祖父

羅州金氏 羅有鳳 祖父

晋州姜氏 姜興玉 祖父

晋州姜氏 姜　一 祖父

清州梁氏 梁瑩鍾 祖父

南平文氏 文時仁 祖父

陽川許氏 許仁宅 伯父

清州鄭氏 鄭文玉 祖父

金海金氏 金丙奎 祖父

古阜李氏 李連三 高祖

清州諱氏 諱萬年 高祖

清松深氏 深德秋 祖父

陽川許氏 許云富 祖父

古阜李氏 李正八 祖父

清州鄭氏 鄭君善 祖父

島長, 區長, 里長 名單

*西紀一八九四年 上下蓼里에서 離脫하여 里로 昇格 管理者를
島長이라 稱하다.

一八九四年 甲午 李繼聖

一八九五年 乙亥[7] 李龍興

一八九六年 丙申 李應信

一八九七年 丁酉 李龍學

一八九八年 戊戌 金龍建

───

7) 乙未의 誤記인 듯하다.

一八九九年 乙亥 金龍璟

一九〇〇年 庚子 李榮俊

一九〇一年 辛丑 李仁淑

一九〇二年 壬寅 金龍善

一九〇三年 癸卯 金明烈

一九〇四年 甲辰 李應模

一九〇五年 乙巳 趙萬植

一九〇六年 丙午 姜明春

一九〇七年 丁未 李龍角

一九〇八年 戊申 金龍錫

一九〇九年 乙酉 金銀吉

一九一〇年 庚戌 許致賢

一九一一年 辛亥 金佑錫

一九一二年 壬子 姜範植

一九一三年 癸丑 李元芳

*一九一四年 甲寅年으로부터 里長이라 稱함.

　一九一四年 甲寅 李元石

　　　　　　丙辰[8] 李元春

　　　　　　庚申[9] 金應海

────

8) 서기 1916년이다.
9) 서기 1920년이다.

癸亥[10] 金玉千

*一九二四年 甲子年으로부터 區長이라 稱함.

丙寅[11] 李時華

己巳[12] 金成洙

庚午[13] 李連芳

壬申[14] 姜渭文

癸酉[15] 金元石

乙亥[16] 許致賢

丁丑[17] 李元燦

己卯[18] 李在根

癸未[19] 金太浩

乙酉[20] 李在根

一九四七年 丁亥 李元觀

10) 서기 1923년이다.
11) 서기 1926년이다.
12) 서기 1929년이다.
13) 서기 1930년이다.
14) 서기 1932년이다.
15) 서기 1933년이다.
16) 서기 1935년이다.
17) 서기 1937년이다.
18) 서기 1939년이다.
19) 서기 1943년이다.
20) 서기 1945년이다.

戊子.[21] 趙昌奎

一九四九年 己丑 李孔白

*西紀一九五一年 辛卯年부터 里長이라 稱함.

一九五一年 辛卯 金昌化

一九五四年 甲午 金成之

一九五四年 丙申[22] 李安澤

一九五七年 丁酉 羅奉官

一九六一年 辛丑 金琮澤

一九六三年 癸卯 李京宅

一九六七年 趙孟浩

一九六九年 姜太榮

一九七二年 金大鍾

一九七五年 姜春奎

一九七九年 金殷一

一九七九年 姜春奎

一九八〇年 李一郞

一九八一年 李仁植

一九八七年 趙東弼

一九九一年 金殷一

---

21) 서기 1948년이다.

22) 서기 1956년이다. 이럴 때 1954년은 誤記일 가능성이 높다.

加波島 經歷

憲宗八年 西紀一八四二年 壬寅年에 牧使 李源祚가 地方民에게 入耕하게 하였다.

一八八六年 / 日本人 吉村與三郎이 潛水器船團 十二隻을 가지고 本島 황개에 來泊하여 幕舍를 짓고 加波島를 根據地로 하여 전복, 소라, 해삼 등을 採取하여 日本으로 가지고 갔는데 이것이 濟州島 潛水器漁業이 始作이 되었다. [23]

一八八七年 / 日本人 吉村 等에 依하여 고구마가 傳來하였고 加波島民들도 栽培法을 알게 되다.

一八九四年 / 甲午年 上下摹里에서 離脫하여 分里됨.

一九〇四年 / 日露戰爭 當時 二月二日 日本汽船 軍需品 滿載하여 露國 征伐 가는 途中 加波 南海 漢灘[24]에 坐礁 破船하다.

一九一〇年 / 七月 十七日 英國軍艦이 視察次 航海 途中 加波

---

23) 天野壽之助의《朝鮮潛水器漁業沿革史》(朝鮮潛水器漁業水產組合, 1937)는, 潛水器漁業의 역사를 다음과 같이 정리하고 있다. 1879년 4월 吉村與三郎 소유 잠수기가 巨濟島 부근에 최초로 나타났다. 그 후 제주도 부속도서 飛揚島에 상륙 시도 실패, 2~3년간 對馬島에서 操業하였다. 1882년 中村又左衛門 소유 잠수기는 제주도 부속도서 무인도 '형제섬'에 상륙하였다. 들쥐 피해가 극심하자 가파도에 접근을 시도한다. 성냥, 蠟燭, 설탕 등 선물 공세로 상륙에 성공하였다.

24) 漢灘는 '하녀'의 한자를 차용한 표기이다. 하녀는 '독개'와 '앞여' 사이에 있다. 달리 '한여'라고도 한다. 썰물에는 물이 찰랑인다. 그 주위에 특별히 의지할 만한 곳이 없는 망망대해 중에 있어 '하녀' 또는 '한여'라고 한다는 말이 전하기는 하나 그 의미는 뚜렷하게 알 수 없다.

南海 寡婦灘[25])에 坐礁 파선하다.

一九一九年 / 五月 十五日 日本商船이 中國으로 越去 途中 加波 西海 寡婦灘에 坐礁破船하다.

一九二二年 / 癸亥年 황개 西防波堤 築城.

一九二七年 / 四月 一日, 日本 警備船 速鳥丸이 南海諸島 視察하여 오는 途中 加波南海 後城[26])에 坐礁 破船함. 此 遭難船을 救濟次 日本船 景運丸 來航中 加波南海 漢灘에 坐礁 破船.

一九三六年 / 黃浦 間城 및 西防波堤 보수공사를 하다.

同年 沿海漁業 멸치 漁撈法 導入하여 濟州島 全域에 멸치 漁撈發展이 始作되다. 멸치업 導入者 金泰能.

一九三七年 / 本里 姜仲五氏 學校實習地 二百坪 寄贈함.

一九四七年 / 二月 十九日 日本汽船 光福丸이 中國에서 天日鹽

---

25) 寡婦灘은 '홀애미섬'의 한자를 차용한 표기이다. 가파도 서북쪽 바다 한가운데 홀로 외로이 뚝 떨어져 있는 외딴 섬이다. 간만의 차가 심한 참물 때에는 물속에 잠겨 버리나 어지간한 썰물에는 모습을 드러낸다. 해녀들의 어장은 물론 자리 어장도 형성된다. 지금은 하모리(下摹里) 소유의 갯밭이다.

26) 後城은 '뒷성'의 한자 차용 표기이다. 황개 바깥쪽 좌우에 길게 늘어선 바윗돌의 이름이다. 이 바윗돌을 의지하여 황개라는 포구를 만들었다. 바로 이 바윗돌은 황개를 포구이게 한 천연적인 방파제(防波堤) 구실을 하는 성(城)이나 다름없어 뒷성이라고 한다. 여기에는 황개 포구를 중심으로 이 섬 '황개동네'(행정상으로는 下洞) 사람들의 바다일의 모든 것을 돌봐준다고 믿는 해신당(海神堂)이 있기도 하다. 이 해신당을 두고 '황개당'이라고 한다. 또 뒷성 한가운데쯤에 높직한 바윗돌이 있다. 이 바윗돌을 두고 '까메귀돌'이라고 한다. 까마귀의 제주도 말이 '까메귀'인데, 그것이 자주 날아와 머물기도 하는 바윗돌이다.

을 滿載하고 日本으로 歸港途中에 加波西海 '아근여'27)에 坐礁 破船하다.

一九四七年 / 六月 二十八日 美國 輪送船이 軍人醫療品 및 食料品을 滿載하여 仁川港으로 向하는 途中 加波南海 漢灘에 坐礁하였는데 數日間 救濟作業에에 努力한 結果 優秀한 技術로서 八日만에 救濟하여 無事히 仁川港에 歸去하였다.

一九五〇年 / 一月七日 日本漁船 低洩網漁船 加波西海 '아근여'에 坐礁하여 破船하고 片船 一隻은 韓國 海軍憲兵隊에 捕留하다.

一九五〇年 / 漁業倉庫 黃浦埠頭에 建立하다.

一九五四年 / 忠魂碑 建立.

一九五四年 / 加波校 改築. 功勞碑 建立.

一九五八年 / 馬載築港 시멘트 포장하다.

一九六二年 / 加波里 開耕 二回甲記念碑 建立.

一九六二年 / 無醫村藥房設置, 金琮澤 名儀.

一九六七年 / 加波里共同墓地 始設.

一九六八年 / 加波里鄕舍 建立.

一九六九年 / 加波里農路 開設.

---

27) 보통 '큰아끈여'로 발화한다. 코지의 이름이다. 그 코지 앞에 어지간한 썰물일 때 드넓게 모습을 드러내는 '여'의 이름이다. 그래서 그 여는 물론 그 여를 낳은 코지까지 합하여 '큰아끈여'라고 한다. 이곳을 기점으로 '무실이동네'(상동)와 '황개동네'(하동) 사이에 갯밭 경계를 삼는다.

一九七二年 / 加波海岸哨所 建立.

一九七三年 / 黃浦 防波堤 築工.

一九七七年 / 李昌善 집앞 물양장 築工.

一九七七年 / 加波里電話室 竣工, 同年 五月 電話 開始.

一九七八年 / 黃浦 東側 船着場 築工.

一九七八年 / 加波里農協倉庫 建立.

一九七九年 / 漁民휴게실 建立, 道知事 喜捨金으로.

一九八一年 / 漁協倉庫 앞에 物揚場 築工.

一九八一年 / 加波里海沿哨所 一棟 增築.

一九八一年 / 加波里保健所 建立.

一九八二年 / 黃浦 東側 船着場 修築.

一九八三年 / 水道施設 및 開通.

一九八四年 / 馬載浦築港 連長 一次工事 着工.

一九八五年 / 黃浦 物揚場 시멘트工事 完工.

一九八五年 / 馬載浦築港 連長 二次工事 同年 十一月 完成.

一九八五年 / 加波里開耕碑 한글해설碑 建立.

一九八五年 / 後城防波堤 태풍복구工事 十一月 完工.

一九八六年 / 電話가설 完成開通.

一九八七年 / 신일장로회 성당 建立 二月十六日竣工.

一九八七年 / 西下洞道路 포장 完成.

一九八七年 / 黃浦 防波堤 복구工事 着工.

一九八八年 / 後城防波堤工事二次連長.

一九八九年 / 後城防波堤連長工事 남부리까지.

一九八九年 / 上洞 뒤개머리[28) 一次工事.

一九九〇年 / 상동 뒤개머리 二次工事.

一九九〇年 / 七月四日 道知司(홍기영) 一行來島.

一九九一年 / 二月 電話線 地下埋立工事 完成.

一九九一年 / 六月 上洞 뒤개머리 築港 三次工事.

一九九一年 / 六月 남부리 防波堤 燈臺 設立.

一九九一年 / 黃浦間城 改築 및 後城防波堤 築造.

一九九二年 / 黃浦 남부리 燈臺 태풍으로 파괴 복구.

一九九二年 / 四月七日 發電室 起工(기공비 十八억 七千四百만
원, 리부담 貳억一千四百萬圓).

一九九二年 / 七月 남부리 삼발이 축적 공사.

一九九二年 / 上洞 뒤개머리 築港 連次工事하다.

馬羅島

西紀 一八八三年 癸未年 馬羅島 最初 開耕者 名單 如左함.[29)

古阜李氏 李成哲 祖父

晋州姜氏 姜昌順 祖父

皇甫皇氏 皇甫基官 祖父

---

28) '뒤개머리'는 가파도 'ᄆ실이동네'(上洞) 동북쪽에 있는 갯밭 이름이다. 뭍이
바다 쪽으로 조금 나갔고, 동네 중심에서 볼 때 뒤쪽이기에 '뒷갯머리'라고
한다. 이곳을 포구로 이용하였다.

29) 세로쓰기이기에 如左라고 하였다.

羅州羅氏 羅奉千 祖父

慶州金氏 金太丙 祖父

金海金氏 金昌一 祖父

金海金氏 金百能 祖父

金海金氏 金君一 祖父

古阜李氏 李應弼 祖父

淸州韓氏 韓萬年 祖父

淸松沈氏 沈尙元 沈德秋 季父

一九八一年 馬羅島가 分里되어 里로 昇格되었다.

　　初代里長 金祥源

一九八三年 金行男

一九八五年 金祥源

一九八五年 羅東玉

一九九〇年 池漢奉

馬羅島 經歷

西紀一八八三年 癸未年 馬羅島 開耕 住民하게 됨.

一九一四年 / 馬羅島燈臺 建立.

一九六二年 / 教育施設 加波校分校 設立.

一九七二年 / 馬羅分校 改築.

一九七五年 / 馬羅東側 성밀 절벽 降下橋 築工.

一九八〇年 / 新作路 船着場 二次工事 竣工.

一九八一年 / 馬羅島 里昇格 加波島에서 分里.

一九八五年 / 알살레덕30) 船着場 단교공사 竣工.

一九八二年 / 불교당 祭壇 옆 建立.

一九八七年 / 예수교성당 제동산에 建立.

一九八八年 / 불교성당 二次改築工事 竣工.

一九八八年 / 알살레덕 二次 船着場 降下계단 工事.

一九八九年 / 알살레덕 및 자리덕31)에 대합실 設立하다.

一九八九年 / 七月四日 道知司 一行 來島.

一九九○年 / 七月七日 內務部長官 및 農水部長官 來島.

---

30) '알살레덕'은 마라도 동북쪽에 있는 선착장의 이름이다. 동풍이 불면 파도가
높아 배를 붙이기 어려우나 북서풍은 의지가 되는 곳이어서 배를 붙일 수 있
다. 부엌에서 찬거리나 그릇을 보관하는 목제품을 '살레'라고 이른다. 먼바
다에서 보면, 그 모습이 마치 살레처럼 보인다고 하여 '살레덕'이라고 하였
다. 예로부터 자리 어장이 이루어지던 곳으로 수심이 깊다. 1985년에 최초
로 공사가 이루어졌다. 현재 47.5m 길이의 선착장이 축조되었다.

31) '자리덕'은 마라도 서북쪽 갯밭에 있는 선착장의 이름이다. '자리'를 잡는 '덕'
으로 이루어진 갯밭이어서 '자리덕'이라고 이른다. 갯밭은 병풍을 친 듯
20~30m 높이 절벽으로 이루어졌다. 남동풍이 불 때 이곳은 안전지대다. 그
때 이곳에 배를 붙인다. 현재 40m 길이의 선착장이 축조되었다.

馬羅島 鄕約

*이 향약은 성균관대학교 고상룡 교수가 1965년 현지조사에서
 발굴한 것이다. 이해를 돕기 위하여 주석을 달았다.

第一章 總則

第一節 總則

第一條 本 鄕約은 馬羅島의 鄕約이라 칭한다.

第二條 本 鄕約은 지방의 建設과 그 組織 및 秩序를 유지하고 島
　　　民의 福利增進에 寄與함을 目的으로 한다.

第二節 內務 및 管轄

第三條 本島에는 班長 1人과 總務 1人 外務 1人을 둔다.

第四條 班長의 諮問機關으로는 內務, 外務 및 總務를 둔다.

第三節 任員選出 및 業務分掌

第五條 班長은 諮問機關의 推薦을 얻어 本 鄕會의 多數決을 거
　　　친 者로서 選任한다.

第六條 內務 및 外務와 總務는 鄕會의 多數決로써 選出한다.

第七條 班長은 鄕員을 統率하고 모든 行政的 事務를 擔當한다.

第八條 總務는 班長을 補佐하며 班長의 有故時는 이를 代理하여 會計帳簿 및 文書整理 和布監督을 겸한다.

第九條 外務는 班長의 對外的인 諮問에 應하여 地方의 發展向上을 위한 對外活動 및 外來人의 接待를 맡는다.

第四節 任期 및 任免

第十一條 班長 및 任員의 任期는 각각 一年으로 한다.

第十二條 班長 및 役員의 任期中 不得已한 事由로 인하여 사연이 있을 時는,

1. 在任期間이 六個月 以內이면 再選任한다.

2. 在任期間이 六個月 以上이면 班長職을 總務가 代理한다.

第五節 報酬

第十三條 班長 및 役員은 有報酬職으로 한다.

第十四條 報酬額은 年 班長 2,000원, 他役員은 2,000원으로 하되 他役員은 이를 分給한다.

第二章 海産物

第一節 海産物의 禁·許採

第十五條 和布(미역)는 每年 冬至(陽12월~1월)로 禁採한다.

第十六條 김, 톳은 每年 陽11월 30일로 許採한다.

第十七條 和布(미역)는 3月15日로 許採키로 하되 形便에 따라
役員會에서 그 日程을 變更할 수 있다.

第十八條 和布 許採 時에 大事가 本郷里에 有時 一日을 延期할
수 있으며 役員會에서는 그 日程을 變更할 수 있다.

第十九條 김은 陽12月 下旬으로 許採키로 하고 役員會에서 決
定할 수 있다.

第二節 和布 및 김, 톳 許採에 대한 監視

第二十條

第二十一條 모든 海産物의 監視는 班長의 指示에 依하여 役員
이 監視한다.

第二十二條 監視成績이 不良時 郷會의 決議에 依하여 그 報酬
를 削減할 수 있다.

第三節 入漁資格

第二十三條 本島의 居住民은 누구나 入漁權을 가진다.

第二十四條 本島에 1년 以上 居住한 자라야 화포 採取權을 가
지며 負役動員 및 公共施設에 地方負擔을 履行치 않은 者
는 入漁權이 없다.

第二十五條 本島에 居住하는 公務員은 自然히 入漁權이 許容
된다.

第二十六條 本島의 初入漁權을 가진 자는 現物(和布) 100근을

내기로 한다.

第二十七條 本島 住民으로서 他地方으로 轉出된 자는 如何한 일이 있어도 入漁權이 없다.

第二十八條 本島 住民으로서 화포 採取 後 出他하여 本島에 거주하지 않는 자는 入漁權이 없다. 단 特別한 事由(잠수작업, 어업작업대기소)로 因할 時는 役員會에서 可否를 決定한다.

第二十九條 本島의 入漁權者의 名簿는 役員會에서 決定하되 年末鄉會에서 이를 發表한다.

第三十條 本島의 入漁權에서 代理者는 不容納된다.

第三十一條 화포 無採取能力者는 속칭 "골채어음[1]"으로부터 "장시덕[2]"까지 海岸 採取할 수 있다.

第三十二條 和布 採取 現物은 無採取能力者끼리 公平히 分配한다.

성멀(地名)은 年例的으로 한다.

---

1) '골체'는 '삼태기'의 제주도 말이다. '어음'은 그 테두리이다. 바닷가 해안선 모습이 골체의 테두리를 닮았다고 하여 '골체어음'이라 한다.
2) 섬의 동남쪽에 '장군바위'가 있다. 마라도 사람들은 이 바위를 신령스럽게 여겼다. 어느 누구라도 이 바위 중간쯤에 오르면 중간 크기의 '중놀'이 불고, 끝까지 오르면 커다란 '대놀'이 분다고 믿었다. '장시덕'은 '장군바위' 아래쪽에 있는 언덕의 이름이다. 겨울의 북서계절풍이 부는 날 이 섬에 배를 붙이려고 선착장을 만들었다. 옛날에는 이곳을 두고 '장구석'이라고 하였다.

第三章 賦役

第一節 動員

第三十三條 本島의 公共施設과 發展事業 기타 公共福利를 위한
　　　　　動員은 島民 各自의 業務와 責任을 가진다.

第三十四條 賦役 免除者는 70歲 以上의 無能力者로 한다.

第二節 時祭

第三十五條 本島의 年時祭는 一回로 한다.

第三十六條 年時祭의 祭冠은 本島 居住者로 만 20歲 以上의 者
　　　　　를 役員會에서 選任한다.

第三十七條 入廳은 三日前부터 修道함을 原則으로 하고 初獻官
　　　　　宅 自體의 飮食 提供을 禁한다. 入廳後 如何한 일이 있어도
　　　　　退廳할 수 없다.

第四章 冠婚喪祭

第一節 婚禮

第三十八條 婚禮時 納幣는 一切 禁한다.

第三十九條 新婦의 禮物은 寢具 2組, 鏡臺 1個, 궤 1個, 방석 5
　　　　　個, 베개 3個로 한다.

第四十條 新郎 親近者로서 新婦에게 膳賜品 衣服은 三着 以內

로 하여 其以外에는 現金으로 한다.

第四十一條 婚禮後 오락, 향연은 一切 禁한다.

第二節

第四十二條 服喪은 喪主의 뜻에 맡기고 그 外에는 一切 禁한다.

第四十三條 葬禮時 花壇3)은 一切 禁한다.

第四十四條 호상時 弔意品은 곡물 및 현금에 限하며 以外는 一
切 禁한다.

第四十五條 대소기는 日沒後 設床하며 祭祀를 奉하되 弔意客은
一切 禁한다.

第四十七條 還甲잔치는 一切 禁한다.

第四十八條 第四章의 團束權은 4Hclub과 海女會에서 擔當
한다.

第五章 牛馬場

第四十九條 本島의 共同牛馬場은 住民各自가 保護한다.

第五十條 共同牛馬場에 加入 使用하려는 者는 事前에 役員會議
의 同意를 얻어야 한다.

---

3) 꽃상여를 '花壇'이라고 하였다.

第五十一條 共同牛馬場의 울타리 修築은 島民 全體가 責任 修
　　　築한다.

第六章 會議

第五十二條 總會는 定期總會와 臨時總會로 區分한다. 定期總
　　　會는 年2回로 하며 一次는 陰六月 下旬으로 하고, 二次는
　　　陰12月 下旬으로 定하고 班長이 이를 召集한다.
第五十三條 臨時總會는 수시로 班長이 必要할 時 班長이 役員
　　　의 同意를 얻어 이를 召集한다.
第五十四條 役員會議는 班長이 必要할 때 이를 召集한다.
第五十五條 班長은 各種 會議의 議長이 된다.

第七章 財政

第五十六條 班財政의 經營費는 '성멀'(지명) 採取權者의 入漁
　　　料, 一般 入漁料, 其他의 收入으로 한다.
第五十七條 本島의 諸收入 支出은 役員의 同意를 얻어 署名捺
　　　印한 後 班長이 執行한다.
第五十八條 本島의 公共物 및 現金은 班長이 保管해야 한다.

第二節 罰則

第五十九條 和布[4] 入漁 密採取者는 水鏡 퇴왁 및 現物 압수는 500원을 적발 후 10日內에 賠償한다.

第六十條 연안지에서 和布를 密採한 者는 道具 및 現物 押守는 勿論 罰金 500원을 적발 후 10日 以內에 賠償한다. 但 2回 以上의 密採者는 罰金 2倍를 賠償한다.

第六十一條 入漁資格이 없는 者가 入漁하였을 때는 現品 및 道具를 沒收한다.

第六十二條 김, 톳 密採者는 第六十條에 準한다.

第六十三條 第五十九條, 第六十條의 規程에 違背된 老少犯罪者는 世帶主를 犯罪者로 한다.

第三節 動員 缺役者의 罰

第六十四條 賦役動員에 班員이 認定하는 大事 以外의 缺役者는 100원을 罰金으로 賠償하고 賠償金은 班運營費에 充當한다.

---

4) '和布'는 미역의 일본 말이다.

第八章 附則

第一條 天災地變으로 因하여 無依託者의 死亡의 葬禮費는 該當
　　　 部落民 金品으로서 相扶相助의 義務를 진다.

第二條 役員의 報酬는 換率變更에 따라 增減할 수 있다.

第三條 本鄕約의 開閉는 定期總會에서 할 수 있으나 邑長 및 支
　　　 署長의 同意를 얻어야 한다.

第四條 本鄕約의 實行 與否 및 財政一切의 監督은 顧問 3人과
　　　 鑑査員 3人을 둘 수 있다.

第五條 本鄕約은 公布日로부터 施行한다.

　　　　　　　　　　　　　　　　　서기 1965年 2月 日

후기

지금으로부터 23년 전의 일이었다. 1994년에 마라도에서 민속 조사를 하였다. 김창부 씨[1912년생, 여]를 비롯하여 마라도 여러분에게 가르침을 받았다. 그 은혜, 잊을 수 없다. 2005년에《마라도의 역사와 민속》이라는 이름으로 원고를 만들었다. 보잘것없는 원고를 12년 동안 책장 속에 꽂아두었다가 꺼내어 출판하게 되었다. 부끄러운 마음과 홀가분한 마음이 교차한다. 마라도의 역사와 민속에 관심 있는 사람에게 조금이나마 보탬이 되었으면 좋겠다.

2017년 7월

참고문헌

《新增東國輿地勝覽》.

《耽羅志》(李元鎭).

《南槎錄》(金尙憲).

《南宦博物》(李衡祥).

《增補耽羅誌》(天理大學 所藏本).

《耽羅誌草本》(李源祚).

《耽羅誌》(南萬里).

《濟州邑誌》.

《心齋集》(金錫翼).

《元大靜郡誌》(高炳五).

《增補耽羅誌》(淡水契).

朝鮮總督府農商工部(1910),《韓國水產誌》(3卷).

小金丸汜愛(1916),〈海藻生產調查〉,《朝鮮彙報》12월호.

全羅南道 濟州道廳(1924),《未開の寶庫 濟州島》.

天野壽之助(1937),《朝鮮潛水器漁業沿革史》, 朝鮮潛水器漁業水
    產組合.

고광민(1999),〈照明과 照明具〉,《濟州學》제4호, 제주학연구소.

_____(2005),《제주도의 생산기술과 민속》, 대원사.

김영·양징자 저, 정광중·좌혜경 역(2004),《바다를 건넌 조선의 해
    녀들》, 도서출판 각.

김영갑(1995),《마라도》, 눈빛.

김영길(2016),《國譯 增補耽羅誌》, 濟州特別自治道・濟州文化院.

김영돈(1999),〈마라도의 해녀들〉,《한국의 해녀》, 민속원.

석주명(1968),《濟州島 隨筆》, 寶晉齋.

울릉군(1988),《鬱陵郡誌》.

제주대학교 탐라문화연구소(1990),《濟州島部落誌(Ⅲ)》.

제주도(1985),《濟州道傳說誌》.

현용준(2005),《민속사진집 靈》, 도서출판 각.

_____(2005),《제주도 신화의 수수께끼》, 집문당.

_____(2006),《황혼의 언저리》, 도서출판 각.

찾아보기

고광민 高光敏

1952년 제주도 출생
목포대학교 도서문화연구원 연구위원

《섬사람들의 삶과 도구 6》(민속원, 2016)
《제주 생활사》(한그루, 2016)
《제주도포구연구》(각, 2004)
《제주도의 생산기술과 민속》(대원사, 2004)
《漁具》(제주대학교박물관, 2002) 외

마라도의 역사와 민속

2017년 11월 20일 초판 1쇄 펴냄

지은이   고광민
펴낸이   김영훈
편집인   김지희
디자인   나무늘보
펴낸곳   도서출판 한그루
         출판등록 제651-2008-000003호
         63256 제주도 제주시 천수동로2길 23
         전화 064 723 7580 전송 064 753 7580
         전자우편 onetreebook@daum.net 누리방 onetreebook.com

ISBN 978-89-94474-52-6 93380

© 고광민, 2017

이 도서의 국립중앙도서관 출판예정도서목록(CIP)은 서지정보유통지원시스템 홈페이지(http://seoji.nl.go.kr)와
국가자료공동목록시스템(http://www.nl.go.kr/kolisnet)에서 이용하실 수 있습니다. (CIP제어번호: 2017029691)
한국출판문화산업진흥원의 출판콘텐츠 창작자금을 지원받아 제작되었습니다.

값 15,000원